EVA-MARIA BAST | UTE MÖLLER | SILKE ROENNEFAHRT

NÜRNBERGER FRAUEN

HISTORISCHE LEBENSBILDER
AUS DER NORIS

Bast, Eva-Maria; Möller, Ute; Roennefahrt, Silke
Nürnberger Frauen – Historische Lebensbilder aus der Noris

NÜRNBERGER NACHRICHTEN in Kooperation mit:
Bast Medien GmbH, St.-Ulrich-Straße 11, 88662 Überlingen
(verantwortlich)
1. Auflage 2020
ISBN: 978-3-946581-77-2

Copyright: Bast Medien GmbH
Lektorat: Lena Bast
Covergestaltung: Melanie Kunze
Layout: Melanie Kunze
Umschlagsbild: Stadtarchiv Nürnberg
Satz: Melanie Kunze
Druck: Mohn Media Mohndruck GmbH, Gütersloh

Von den Machern der preisgekrönten Reihe *Geheimnisse der Heimat*

Inhalt

*L*iebe Leserinnen und Leser,
Sie kennen sicher diesen berühmt-berüchtigten Satz: „Männer machen Geschichte." Er stammt aus dem Jahr 1879, geprägt hat ihn der deutschnationale Historiker Heinrich von Treitschke. Und in Meyers Konversations-Lexikon von 1894 wurde das Verhältnis zwischen den Geschlechtern tatsächlich wie folgt definiert: „Dem Manne der Staat, der Frau die Familie!" Das war damals – und bis weit ins 20. Jahrhundert hinein – durchaus breiter Konsens.

Die Folge: Was Frauen auch schon damals alles leisteten, das blieb viel zu lange zu wenig beleuchtet. Weil Männer angeblich Geschichte machten – und sie vor allem auch selbst schrieben. Zu oft ausgeblendet wurden dadurch Frauen, die selbst als Pionierinnen Neuland betraten. Oder die ihren Männern jenen Freiraum gaben, ohne den die Partner gar nicht die Chance und Zeit gehabt hätten für ihr Lebenswerk.

Dieses Buch wirft den Blick daher ganz bewusst auf bedeutende Nürnberger Frauen. Darunter sind bekannte Namen wie Caritas Pirckheimer oder Agnes Dürer. Aber

„Was Frauen auch schon damals alles leisteten, das blieb viel zu lange zu wenig beleuchtet. Weil Männer angeblich Geschichte machten - und sie vor allem auch selbst schrieben. Zu oft ausgeblendet wurden dadurch Frauen, die selbst als Pionierinnen Neuland betraten."

auch viele Frauen, die bisher im Schatten standen, obwohl sie Bahnbrechendes auf ihrem Gebiet und auch für die Emanzipation der Frauen leisteten.

„Ob Handwerker- oder Patrizierfrauen: Ohne sie ging es nicht": Ein zentraler Satz aus diesem Buch. Und bei Agnes Dürer ist zu lesen: „Sie war immer die Bodenständige, die Realistin." So war das oft: Lebensnahe, lebenskluge Frauen organisierten den Alltag; sie schufen die Basis für die oft freischwebende Arbeit ihrer Männer, die sich nur so in Szene setzen konnten.

Andere Frauen taten einfach, was gegen die Konvention war: Sie nahmen sich das ihnen bisher vorenthaltene Recht zur Gleichberechtigung. Bertha Kipfmüller etwa schrieb 1899 als erste Frau in Bayern eine Doktorarbeit. Weil sie vormachte, was heute in aller Munde ist: das lebenslange Lernen. Und weil sie etwas ärgerte: „Jede Schneegans nennt sich in Bayern immer noch Frau Doktor, weil der Mann es ist."

Meine Kollegin Silke Roennefahrt, die zusammen mit Eva-Maria Bast und Ute Möller die Texte für dieses Buch geschrieben hat, erzählte mir beim Blick auf diese Arbeit: „Ich war überrascht, wie viele interessante Frauenbiografien es gibt – und irritiert, dass so viele in Vergessenheit geraten sind. Höchste Zeit, den Frauen ein bisschen mehr Raum in der Stadtgeschichte zu geben! Gefreut habe ich mich, dass ich mit Lilo Seibel-Emmerling noch eine Zeitzeugin gefunden habe, die mit Anna Steuerwald-Landmann befreundet war, obwohl diese doch bereits 1980 gestorben ist. Für mich ein echter Glücksfall!" Das lesenswerte Porträt belegt diesen Glücksfall.

Und Ute Möller hält fest: „Der wichtigste Eindruck bei mir: Nürnberg hat äußerst wichtige Frauenleben in seiner Geschichte vorzuweisen. Besonders beeindruckt hat mich die intellektuelle Widerstandskraft von Caritas Pirckheimer. Die Recherche hat aber gezeigt, dass die historischen Frauen noch lange nicht ausreichend gewürdigt werden. Da ist noch viel zu tun."

In der Tat. Dieses Buch liefert einen wichtigen Beitrag dazu. Ich wünsche Ihnen viele erhellende Erkenntnisse und viel Freude beim Lesen!

Ihr

Alexander Jungkunz
Chefredakteur Nürnberger Nachrichten

Eva-Maria Bast, Jahrgang 1978, ist Geschäftsführerin der Bast Medien GmbH. Sie initiierte und schreibt die Buchreihe *Geheimnisse der Heimat*, die 2011 startete, rasch zu einem regionalen Bestseller wurde und die 2020 in rund 70 Bänden vorliegt.

Sie wurde für ihre Arbeit mehrfach ausgezeichnet, unter anderem erhielt sie für die Geheimnisse den Deutschen Lokaljournalistenpreis der Konrad-Adenauer-Stiftung. Eva-Maria Bast ist Dozentin an der Hochschule der Medien in Stuttgart und Romanautorin, unter anderem mit Jørn Precht unter dem Pseudonym Charlotte Jacobi.

Ute Möller, 1970 geboren in Bochum, startete ihre berufliche Laufbahn als Theaterwissenschaftlerin und schrieb für verschiedene Fachmagazine. 1996 begann sie für die *Nürnberger Nachrichten* zu arbeiten, seit 2000 in der Zentralredaktion in Nürnberg. Ihr besonderes Interesse gilt Frauenbiografien sowie den Themen Empowerment und Diversität. In ihrem Podcast Be49 führt sie Gespräche mit Frauen aus Kunst, Politik und Wirtschaft. Sie moderiert Podiumsdiskussionen und ist eine leidenschaftliche Netzwerkerin.

Silke Roennefahrt wurde 1964 in Hannover geboren. Nach dem Studium der Politischen Wissenschaft und der Journalistik in Hamburg zog es sie nach Nürnberg, wo sie seit 1990 als Journalistin bei den *Nürnberger Nachrichten* arbeitet. Ihre große Leidenschaft gehört dem Lokaljournalismus, nach Stationen in der Forchheimer Redaktion und in der Regionalredaktion der Zeitung wechselte sie 1999 in die Stadtredaktion Nürnberg, wo sie bis heute tätig ist. Mit ihrer Familie lebt sie in Nürnberg.

MUT UND HALTUNG
„Darum, o Herz, verzage nicht!"

as für eine Frau! Wenn man sich mit dem Leben der Else Dormitzer eine Weile beschäftigt hat, ist man am Ende tief betroffen, aber auch voller Bewunderung. Sie brillierte als Vorsteherin eines großbürgerlichen jüdischen Haushalts, engagierte sich für ihre Gemeinde und ihren Glauben, veröffentlichte unzählige Bücher und Artikel. Und als der Antisemitismus in Deutschland zunahm, forderte sie die jüdischen Mütter und Ehefrauen auf, sich das nicht gefallen zu lassen.

Die Autorin und Forscherin zur deutschsprachigen Lyrik aus Theresienstadt, Sandra Alfers, hat sich ausführlich mit dem Leben und Werk der Else Dormitzer beschäftigt. In einem Archiv stieß sie auf den im Herbst 1945 erschienenen Gedichtband *Theresienstädter Bilder*. „Vorwort und Gedichte berührten mich sehr und ich begab mich auf Spurensuche nach Else Dormitzer", erzählt sie. Diese Spurensuche führte zu den Enkeln und Urenkeln: „Zu meiner großen Überraschung besitzen die Familienangehörigen eine reiche Privatsammlung an Briefen, Dokumenten, Tagebüchern, Erlebnisberichten, Fotografien, Artikeln, Aufsätzen etc. Sie erlaubten mir Einsicht in ihr Familienarchiv. Und erst da tat sich mir auf, auf welch außergewöhnliche Frau ich gestoßen war und dass ihr Werk und Wirken nicht auf die Gedichte aus Theresienstadt reduziert werden konnte."

Das Leben der Else Dormitzer beginnt vielversprechend: Sie wird als älteste Tochter des Holzhändlers und Sägewerksbesitzers Salomon Forchheimer (1848-1904) und der Clara Ehrlich (1856-1936) geboren. Die Familie, die ursprünglich

Trotz schwerer Schicksalsschläge und der Verfolgung durch die Nationalsozialisten verlor Else Dormitzer niemals ihre Haltung und ihren Mut.

aus Bamberg kommt, ist durch ihr Sägewerk, aber auch durch Hopfen- und Bauholzhandel zu Wohlstand gelangt. Else erhält die typische Bildung für Töchter aus gutem Hause: Dem Besuch der höheren Töchterschule in Nürnberg folgen einige Jahre im Töchterinstitut in Heidelberg. Sie interessiert sich für Musik – sie spielt vorzüglich Klavier – und für Wissenschaften. Auch die Frauenbewegung verfolgt sie mit Interesse. Die Mutter erzieht ihre Tochter zu einer selbstbewussten Frau. „Die Familie gehört zum deutsch-jüdischen Bürgertum und beteiligt sich aktiv nicht nur in der 1862 konstituierten Israelitischen Kultusgemeinde, sondern auch in der Gründung und Förderung zahlreicher Wohltätigkeitsvereine. 1874 weiht die Gemeinde die neu erbaute Synagoge am Spitalplatz, dem heutigen Hans-Sachs-Platz, ein", schreibt Sandra Alfers in ihrem Buch über das Leben und die Lyrik der Else Dormitzer.

Am 1. Mai 1898 heiratet Else Forchheimer Sigmund Dormitzer (1869-1943), „einen aufstrebenden, jungen Rechtsanwalt, ebenfalls aus bürgerlich-jüdischem Hause". Die Hochzeitsfeier ist prächtig und rauschend, das nun folgende Leben ebenfalls. Zwei Töchter, Elisabeth und Hildegard, werden geboren, die Familie wohnt bis Ende der 1920er-Jahre in der Blumenstraße 1 im zweiten Stock, spätestens ab 1930 dann in der Blumenstraße 9. „Das dort an den Goldbach grenzende Haus mit Garten gehört der Familie Forchheimer, und das Ehepaar richtet sich in einer großzügig angelegten Achtzimmer-Wohnung im Erdgeschoss ein", schildert Sandra Alfers. Im selben Haus lebt auch Elses Schwester mit ihrer Familie, und zur Rechtsanwaltskanzlei ihres Mannes in der Karolinenstraße 40 sind es nur ein paar Gehminuten. Sigmund bringt es durch Fleiß und Erfolg rasch zu hohem Ansehen in der Stadt, wird Vorsitzender des Nürnberger Anwaltsvereins und später stellvertretender Vorsitzender der Anwaltskammer des Oberlandesgerichtsbezirks Nürnberg. Die Familie ist karitativ engagiert. Ihr Mann repräsentiert nach außen, Else sorgt mit Hilfe der beiden Hausangestellten, Retha und Marie, daheim für einen reibungslosen Ablauf. „Dabei sieht sie sich als gleichberechtigte Gefährtin des Mannes, in deren Verantwortungsbereich das Wohlergehen der jungen Familie liegt. Als Vermittlerin bürgerlicher und jüdisch-liberaler Werte obliegt es ihr, die Töchter, im Abstand von acht Jahren geboren, zu gebildeten, selbstständigen jungen Frauen zu erziehen", schreibt Sandra Alfers. Auch richtet Else regelmäßig Abendgesellschaften, Gartenfeste und Kaffeekränzchen für Freunde, Geschäftspartner und für die Familie aus, mit der sie in regem Austausch steht. Und dann beginnt sie zu schreiben: Über Haushaltsführung und Kindererziehung, Theateraufführungen und Reisen. Unter dem Pseudonym Else Dorn ist sie für verschiedene Zeitungen tätig und übersetzt und schreibt Kinderbücher. Rund 30 erscheinen bis zum Beginn der 1930er-Jahre.

Als das Reichsvereinsgesetz vom 15. Mai 1908 Frauen erlaubt, sich nun auch in politischen Vereinen und Organisationen zu engagieren, bringt Else Dormitzer sich auch hier stärker ein. Während des Ersten Weltkriegs engagiert sie sich für den „Centralverein Deutscher Staatsbürger Jüdischen Glaubens" und unterstreicht hier besonders die Rolle der Frau. „Auch sie stellt die primäre Rolle der jüdischen Frau als Mutter, Ehefrau, Hausfrau und Hüterin der Religion nicht infrage. Dennoch sieht sie sich als gleichberechtigte Partnerin, die aktiv und unabhängig durch ihre eigene Gestaltung zum Erfolg von jüdischen Verbänden in der

Sandra Alfers mit ihrem Buch über Else Dormitzer.

Bekämpfung eines immer aggressiver werdenden Antisemitismus sowie zur Verbreitung des liberalen Judentums beitragen kann", erklärt Sandra Alfers die Haltung dieser außergewöhnlichen Frau. Bertha Pappenheim, die den jüdischen Frauenbund leitet, ist ihr ein Vorbild, und Else möchte mehr sein als nur ein Mitglied. Sie will, wie Alfers erklärt, als „aktive Mitarbeiterin und gleichberechtigte Partnerin die

Arbeit der Männer unterstützen". In *Die jüdische Frau in der Propaganda* schreibt Else Dormitzer, es genüge nicht, „dass wir die Idee, die wir als richtige anerkannt haben, im stillen Kämmerlein pflegen, wir müssen für sie eintreten in Wort und Schrift, und es muss uns vor allem gelingen, sie auch anderen, die nicht so denken wie wir, überzeugend und klar beizubringen".

Als die Frauen sich 1918 das Wahlrecht erkämpft haben, sodass sie im Januar 1919 zum ersten Mal in Deutschland reichsweit wählen können, verlagert Else ihre schriftstellerische Tätigkeit vermehrt auf tagespolitische Themen. „Das aktive und passive Wahlrecht für Frauen – die Möglichkeit zu wählen und gewählt zu werden – soll als Beispiel für die Gleichstellung der Frauen in jüdischen Gemeinden dienen, wie sie 1919 in *Die Forderungen der jüdischen Frau* für das *Liberale Judentum* schreibt", so Alfers. Else Dormitzer überzeugt: Als erste Frau wird sie in den Hauptvorstand des Central-Vereins deutscher Staatsbürger jüdischen Glaubens berufen. Nach dem Ersten Weltkrieg arbeitet sie ab 1919 in der Verwaltung der jüdischen Kultusgemeinde in Nürnberg. Während all der Zeit vernachlässigt sie die Schriftstellerei nicht. Ab 1921 erscheint das von ihr initiierte *Nürnberger israelitische Gemeindeblatt*, das später um Nachrichten aus Fürth erweitert wird. Die Ressentiments gegen Juden nehmen zu – Else Dormitzer fordert die jüdischen Frauen auf, sich zu wehren: „Wo ein antisemitischer Vorstoß erfolgt, muß er pariert werden. Hier ist es die Frau und Mutter, die mutig in die Schranken treten soll."

1922 gründet der Nationalsozialist Julius Streicher (1885-1946) in Nürnberg die Zeitung *Der Stürmer*. Damit wird eine neue Ära von Hetztiraden gegen Juden eingeleitet. Und tatsächlich kommt es am 6. November 1923 in Nürnberg zu Ausschreitungen gegen Juden. Die *Jüdische Rundschau* berichtet: „Nationalsozialistische Jugendgruppen überfielen jüdische Passanten und verletzten mehrere von ihnen zum Teil schwer. Ein bekannter Rechtsanwalt wurde abends auf dem Nach-

„Das aktive und passive Wahlrecht für Frauen – die Möglichkeit zu wählen und gewählt zu werden – soll als Beispiel für die Gleichstellung der Frauen in jüdischen Gemeinden dienen."

hauseweg überfallen und durch Keulenhiebe so schwer verletzt, daß er bewußtlos fortgetragen werden mußte. Drei jüdische Kaufleute wurden durch Messerstiche nicht unbedenklich verletzt. Einzelne Trupps drangen in Wohnungen jüdischer Bürger ein und veranstalteten ‚Hausdurchsuchungen'. Schaufenster von Juden gehörenden Geschäftslokalen wurden zertrümmert. An den Plakatsäulen wurde ein Plakat angeklebt, das auffordert, die Juden ‚wie Hunde totzuschlagen'. Die Lage ist ernstlich verschärft durch die Tatsache, daß die Nürnberger Polizei nicht unter der Gewalt des demokratischen Bürgermeisters steht und mit den Nationalsozialisten eng verflochten ist. Der Nürnberger Stadtrat versammelte sich zu einer einminütigen Kundgebung gegen diese Ausschreitungen, wobei gegen die Polizei und die Justizverwaltung schwerwiegende Angriffe erhoben wurden."

Als Reichspräsident Paul von Hindenburg Adolf Hitler am 30. Januar 1933 zum Reichskanzler ernennt, ist Else Dormitzer in Berlin. Sie schreibt: „In der Ferne hörte man den nationalsozialistischen Siegestaumel; im Fackelschein flatterten Hakenkreuzfahnen durch die Luft, lautes Treiben und Erregung herrschte im Umkreis des Regierungsviertels. Aber unverändert zogen am nächtlichen Himmel die Sterne ihre Bahn, und bei ihrem Anblick wiederholte wohl so manch einer in seinem Innern das zuversichtliche Schlußwort dieses Abends: Wir waren, wir sind, wir werden sein!"

In den folgenden Jahren werden die Repressionen gegen Juden immer schlimmer. In der Kultusgemeinde steht Else Dormitzer vielen Jüdinnen und Juden bei, die in Not sind oder Hilfe brauchen, die Gemeinden und jüdischen Organisationen seien bald die einzigen Anlaufstellen gewesen, erzählt Sandra Alfers. Die Töchter der Dormitzers emigrieren mit ihren Familien nach England und Holland und fordern die Eltern auf, ihnen nachzufolgen.

Doch Sigmund und Else wollen den Kindern nicht zur Last fallen. So sind sie auch in der Reichspogromnacht im November 1938 in Nürnberg. Und sie erleben Furchtbares: „Wir wurden zweimal hintereinander in der Nacht in unserem Haus überfallen; erst kamen etwa 15 SA-Männer, die uns schwer misshandelten und verletzten, sie zertrümmerten die Möbel in unserer Wohnung, zerschnitten die Kissen und Möbel und hausten vandalisch; nachher erschienen mehrere Banditen, drangen in unser Schlafzimmer und zerschlugen meinem Mann das Nasenbein mit einer Stahlrute, misshandelten uns beide barbarisch. Nach diesem Überfall wurden wir blutüberströmt auf die Straße getrieben und suchten in der Nähe einen uns unbekannten christlichen Arzt auf, der die Vorgänge nicht recht verstand, das Überfallkommando der Polizei verständigen wollte und sich überaus menschlich und teilnahmevoll zu uns verhielt. Um 3 Uhr nachts fuhren wir mit einem Taxi in das Fürther jüdische Krankenhaus, wo wir aufgenommen wurden."

Damit haben die Nazis noch nicht genug. Noch lange nicht. Sie zwingen Sigmund und Else Dormitzer, ihr Haus und ihr Grundstück zu verkaufen – für gerade mal zehn Prozent seines Wertes. Nun hören sie auf ihre Töchter und emigrieren. Auch das ist nicht einfach: Der deutsche Staat belegt die bedrängten und entrechteten Menschen mit enormen Auflagen und erschwert die Auswanderung.

In Holland leben die Dormitzers zunächst bei ihrer Tochter, dann unter anderem in einer Pension und müssen sich an die beengten Verhältnisse gewöhnen, dennoch kommen sie etwas zur Ruhe, richten sich ein, treffen sich mit Familienmitgliedern und unternehmen Ausflüge. Doch dann kommt der 10. Mai 1940: Die Deutschen marschieren in Holland ein. Die endgültige Katastrophe ereignet sich zwischen Winter 1941 und Sommer 1942. Die deutsche Besatzungsmacht ordnet an, alle Juden nach Amsterdam zu bringen. Von Westerbork und Amsterdam aus beginnen im Sommer die Deportationen in die Vernichtungslager im Osten.

Am 22. April 1943 erhalten auch die Dormitzers ihren Deportationsbescheid. Else Dormitzer schreibt: „In Amsterdam nachts 12 Uhr eine Depesche mit Vorladung zum S.S. Obersturmführer für nächsten Tag 12 Uhr. Dort Rede von ihm an alle Eingeladenen, dass die Deutsche Regierung als besondere Vergünstigung für verdienstvolle deutsche und holländische Juden einen Extra-Transport nach Theresienstadt gehen lässt, all wo man unter eigener jüdischer Verwaltung, vollständiger Freiheit, gleichen Rationen wie die S.S., Theater, Kino, Ausflugsmöglichkeiten ein wahrhaft paradiesisches Leben führen könne."

Während der Fahrt erhalten die Dormitzers von der SS Postkarten, die sie an ihre Angehörigen schicken sollen.

„Auf die grausame Wirklichkeit Theresienstadts ist das Ehepaar nicht vorbereitet: Schmutz, Ungeziefer, eine mangelhafte hygienische Versorgung […]“, schreibt die Buchautorin, und Else Dormitzer erklärt, der Einlieferungsschock lähme einen in seinem ganzen Wesen. Sie tut, was sie immer getan hat. Organisiert und versucht, Einfluss zu nehmen. Vergebens. Einzig ihrem Mann kann sie eine bessere Matratze besorgen. Doch Sigmund Dormitzer ist den Strapazen nicht gewachsen. Er erkrankt schwer, zumal er bei seiner Ankunft vom Tod seines Bruders erfährt, den er gehofft hatte hier wiederzusehen.

Sigmund Dormitzer stirbt am 9. Dezember 1943 an einem Hungerödem. Else aber muss leben. Und auch im Ghetto tut sie, was sie liebt, wenigstens ein bisschen, indem sie sich im Kulturprogramm des Judenrats engagiert. „In Theresienstadt gab es den sogenannten Ältestenrat und die Organisation des Ghettos in verschiedenste Verwaltungsapparate. Das Kulturprogramm unterstand dem Referat ‚Freizeitgestaltung‘“, erklärt Sandra Alfers. Else Dormizer hält unzählige Vorträge, auch wenn sie nach dem Tod ihres Mannes „eine abgründige Gleichgültigkeit gegenüber allem“ ergreift. Und sie schreibt Gedichte, die sie 1945 in den Niederlanden in Buchform veröffentlicht.

Durch dieses Buch wurde Jahrzehnte später Sandra Alfers auf sie aufmerksam, die Entdeckungsreise begann: „Was mir an Else Dormitzer imponiert, ist, dass sie nie aufgegeben hat. Bis ins hohe Alter schreibt sie und mischt sich ein. Nimmt an wichtigen öffentlichen Diskussionen teil. Sie hatte ihre eigene Meinung, tat sie gern kund; sie konnte anecken und ließ sich nicht einschüchtern“, sagt die Autorin. „Unermüdlich setzte sie sich für das ein, was ihr wichtig war – sei es die Rolle der Frau in der Gemeinde oder im Kampf gegen den Antisemitismus. Dies tat sie freiwillig, ohne Bezahlung – und selbstverständlich neben ihrer Aufgabe als Mutter, Hausfrau und Ehefrau eines angesehenen Rechtsanwalts in Nürnberg.“
In einer Zeit, in der „die Gesellschaft lediglich ein wenig Klugheit und ein wenig Schliff, mehr jedoch nicht“ von Frauen erwartete, wie Marion Kaplan, Gewinnerin des „National Jewish Book Award in der Kategorie Holocaust“, einmal sagte, ließ sie sich weder von kontroversen Themen noch von persönlicher Kritik abschrecken. „Ein wahres Vorbild für Frauen – auch heute noch“, findet Sandra Alfers.

Nach der Befreiung durch die Rote Armee wird Else Dormitzer nach Bamberg und von dort in die Niederlande gebracht. Von hier aus übersiedelt sie nach England und nimmt 1951 die britische Staatsbürgerschaft an. „Auch in London setzt sie sich sofort wieder ein – engagiert sich in der Gemeinde New Liberal Jewish Congregation, schreibt Artikel für Newsletter, leitet eine Gruppe für Holocaustüberlebende", schildert Sandfra Alfers.

Über ihre Erlebnisse berichtet Else Dormitzer nach Kriegsende. Die Gedichte, die sie in Theresienstadt geschrieben hat, werden 1945 veröffentlicht:

Von Sorgen, Kummer, Elend, Not / Ist unser Dasein nun bedroht, / Kein Strahl durchdringt die Dunkelheit, / Schlag folgt auf Schlag und Leid auf Leid; / Doch eine inn're Stimme spricht: / „Verzage nicht, verzage nicht!"
Der Tage trübes Einerlei / Zieht hoffnungslos an uns vorbei, / Und ohne Schlaf wird Nacht um Nacht / In Angst und Tränen zugebracht; / Doch eine inn're Stimme spricht: / „Verzage nicht, verzage nicht!"
Auf diese Stimme ich vertrau', / auf Gottes Hilfe fest ich bau'! / Er wird beenden Schmerz und Pein, / Uns aus der Feinde Hand befrei'n, / Er schenkt uns Frieden, Freiheit, Licht, / Darum, o Herz, verzage nicht!"

Eva-Maria Bast

....

Erinnerungsort:

Die Dormitzers lebten in der Blumenstraße 1 und 9.

18

*Als erstes Nürnberger Christkind der Nachkriegszeit gab
Sophie Keeser Hoffnung und Zuversicht.*

HOFFNUNG IM KERZENSCHEIN
Die Mutter des Nürnberger Dialekts

*W*enn in Nürnberg alljährlich der Christkindlesmarkt eröffnet wird, dann ist das
für Sabine Peters, wie wohl für die meisten Nürnbergerinnen und Nürnberger,
ein ausgesprochen emotionaler Moment. „Der ganze Hauptmarkt ist voll, da passt keine Maus mehr dazwischen, es gibt
Lebkuchen und Bratwurst", erzählt sie. Und dann das Wichtigste: der Moment, in dem die Lichter ausgehen, in dem es
mucksmäuschenstill wird und das Christkind auf der Empore
der Frauenkirche erscheint. „Ihr Herrn und Frau'n, die Ihr

einst Kinder wart, Ihr Kleinen, am Beginn der Lebensfahrt, ein jeder, der sich heute freut und morgen wieder plagt: Hört alle zu, was Euch das Christkind sagt!"

So beginnt das Christkind, dessen Darstellerin alle zwei Jahre von den Nürnbergern neu gewählt wird, die bekannten Worte zu sprechen. Und die Menschen unten auf dem Platz sprechen innerlich mit.

Kunsthistorikerin Sabine Peters muss in diesem Moment dann auch immer an das erste Nürnberger Christkind nach dem Zweiten Weltkrieg denken, das die Botschaft 1948 über die noch in Trümmern liegende Stadt sprach: Sophie Keeser. „Das war für die Nürnberger ein ungemein kraftgebender Moment", ist sie überzeugt. „Im Jahr 1948 empfand man es sicher wie eine Wiederentdeckung des traditionellen Weihnachtsmarktes, dessen ältester Nachweis sich auf einer Span-schachtel befindet, die heute im Germanischen Nationalmuseum liegt." *...vom Kindles-Marck überschickt 1628* steht auf dem Boden dieser Schachtel aus Nadelholz.

Und am 4. Dezember 1948 sprach nun die Schauspielerin Sofie Keeser den Prolog praktisch zwischen Trümmerhaufen im Kerzenschein. „Es war etwas sehr Besonderes für die Nürnberger, denn nach zehn Jahren Pause war es der erste Nürnberger Christkindlesmarkt nach Kriegs-ende und damit wieder ein Schritt mehr in die Normalität, auch wenn die Stadt noch in Schutt und Trümmern lag."

Sophie Keeser, dieses erste Christkind der Nachkriegszeit, in Amt und Würden bis 1960, entdeckt ihre Leidenschaft – das Theaterspielen – schon als Kind. Seit Mitte der 1930er-Jahre tanzt sie Ballett und tritt im Kinder-theater auf, anschließend nimmt sie Schauspielunter-richt und legt 1944, im letz-ten Kriegsjahr, ihre Schau-spielprüfung ab. Ein halbes Jahrhundert steht sie in

„Eigentlich ist sie es, die den Nürn-berger Dialekt, der bis dahin nicht sonderlich angesehen war, salonfähig und allgemein beliebt gemacht hat. Nicht nur im Theater, sondern auch im Rundfunk und Fernsehen."

Nürnberg auf der Bühne, von den Bürgern wegen ihrer humorvollen Art und ihrem Charisma heiß geliebt. „Und sie hat in tiefstem Nürnberger Dialekt gesprochen, eigentlich ist sie es, die den Nürnberger Dialekt, der bis dahin nicht sonderlich angesehen war, salonfähig und allgemein beliebt gemacht hat. Nicht nur im Theater, sondern auch in Rundfunk und Fernsehen", sagt Sabine Peters.

22 Jahre lang spielt sie sich in dem 1976 uraufgeführten Theaterstück *Schweig, Bub!* des in Nürnberg sehr bekannten Autors Fitzgerald Kusz als Tante Anna in die Herzen der Nürnberger. Und auch hier hat wieder die Mundart große Bedeutung, denn Tante Anna eröffnet die Komödie stets mit dem Satz: „Du, wou ham mir letzthin so a Leberknidlasuppm gessn?" Auch für das Fernsehen arbeitet Sophie Keeser, tritt im Vorabendprogramm auf. Von der Stadt Nürnberg wird sie für ihre Verdienste geehrt: 1984 erhält sie den Preis der Stadt Nürnberg und 1986 den Goldenen Trichter der Karnevalsgesellschaft.

„Mich beeindruckt Sophie Keeser so sehr, weil sie für mich ein Nürnberger Original ist", sagt die Kunsthistorikerin. „Sie ist so positiv, so humorvoll und kann über sich selbst lachen. Durch den Humor hat sie sich selbst in einer schwierigen Zeit Energie und Kraft gegeben." Und den Nürnbergern auch, als sie 1948 als erstes Christkind vor die Frauenkirche trat. In einer zertrümmerten Stadt.

Eva-Maria Bast

....
Erinnerungsort:

Sophie Keeser wohnte 47 Jahre lang in der Oskar-von-Miller-Straße. Nach ihrem Tod benannte die Stadt Nürnberg einen Weg im Volkspark Dutzendteich nach ihr.

Die Madonna der Millionärin

Ihrer Zeit weit voraus

*D*ie Gattin eines Mannes, der nicht vom Tellerwäscher zum Millionär wurde, sondern bei dem es sich genau umgekehrt verhielt: Er wurde vom Millionär zum Tellerwäscher, weil er seine Frau malträtierte – und die sich das nicht gefallen ließ. Diese Frau ist Ursula Haller, und die Kunsthistorikerin Sabine Peters zollt ihr größten Respekt: „Ich finde Ursula Haller absolut bewundernswert. Sie war sehr emanzipiert und ihrer Zeit damit weit voraus."

Was für eine Familie, in die die kleine Ursula hineingeboren wird! Ihr Vater Anton Koberger (um 1440-1513), Spross einer bescheidenen Bäckersfamilie, hat es durch Fleiß und Unternehmergeist weit gebracht, ist ein ebenso berühmter wie reicher deutscher Buchdrucker geworden. „Er nutzte das neue Medium Buchdruck und wurde einer der erfolgreichsten Verleger und Buchhändler seiner Zeit, hatte eine Werkstatt mit 100 Mitarbeitern, stellte Druckgrafiken her, war der Patenonkel von Albrecht Dürer und hat die Schädel'sche Weltchronik gedruckt", zählt Sabine Peters seine Meriten auf.
Ursula wächst in großbürgerlichen Verhältnissen mit zahlreichen Geschwistern sehr behütet auf. Und als sie dann 1491 Wolf III. Haller (1467-1508) heiratet, scheint ihr Glück perfekt. Er gilt als äußerst gute Partie, denn er stammt aus einer alten, ehrwürdigen Ratsfamilie und gehört somit zu den *Nobilis Noribergensis*, den vornehmen Nürnberger Patriziern. „Eigentlich war das ein Traumpaar", sagt auch Sabine Peters. Ursula und Wolf werden Eltern, Geld spielt keine Rolle, alles scheint in bester Ordnung, und so beauftragt das Ehepaar nur drei Jahre später, 1494, niemand Geringeren als den berühmten Maler

Die Haller Madonna spendete Ursula Haller Trost. Das Gemälde hängt heute in der National Gallery of Art, Washington, DC.

Albrecht Dürer, für sie eine Madonna zu malen: die sogenannte Haller-Madonna, die sich heute in der National Gallery in Washington befindet. „Nicht nur mit den kostbarsten Farben soll Dürer arbeiten, sondern auch nach der italienischen Manier eines Giovanni Bellini. Und so verwendet Albrecht Dürer den damals so kostbaren Halbedelstein Lapislazuli, einen blau leuchtenden Stein, der um 1500 nur in Afghanistan zu finden ist", beschreibt die Kunsthistorikerin und fährt fort: „Er malt das ultramarinblaue Gewand in feinsten Schichten und lässt zwischen den Farbaufträgen jeweils die gemalte dünne Schicht ausgiebig trocken, sodass beim Betrachten des Gemäldes auch heute noch der Eindruck eines tiefblauen, leuchtenden, kostbaren Marienmantels verzaubert. Ein zeitraubendes, aufwendiges Verfahren. Wenn man das Gemälde in die Sonne halten würde, würde der Mantel der Madonna funkeln und leuchten."

Sabine Peters vor dem Fembohaus. Ursula Haller lebte unterhalb des Gebäudes in der Burgstraße.

Ein perfektes Gemälde für ein perfektes Paar? Leider trügt der Schein wie so oft auch hier. „Ursula beschwert sich, dass ihr Mann sie mehrfach schwer misshandelt habe, und wendet sich mithilfe ihres Vaters an den Rat der Stadt Nürnberg", fährt Sabine Peters fort. Dort erstattet sie Anzeige wegen wiederholter Misshandlung, ein für die damalige Zeit äußerst emanzipiertes Vorgehen. 1501 strengt der Vater einen Prozess an, 1503 wird ein Vergleich geschlossen: Wolf Haller darf das Haus, in dem sie lebten – ihr

Elternhaus –, nicht mehr betreten. Außerdem wird er dazu verurteilt, weiterhin finanziell für seine Ehefrau und seine Kinder sorgen zu müssen. Er kommt seiner Unterhaltsverpflichtung jedoch nicht nach und muss eine Zeit lang ins Lochgefängnis. „Nach seiner Entlassung floh er zunächst nach Fürth und Cadolzburg und schließlich nach Wien, weil er auch künftig nicht vorhatte zu zahlen. So wollte er der Nürnberger Justiz entkommen. In Wien starb er 1508 vollkommen verarmt", erzählt Sabine Peters die Geschichte des Millionärs, der als armer Schlucker endete, weiter.

Die Haller Madonna aber blieb in Besitz der Ursula Haller. „Ich kann mir vorstellen, dass sie das Gemälde oft anschaute und Kraft aus ihm schöpfte", sagt Sabine Peters. Und immer, wenn sie selbst während der großen Dürer-Ausstellung im Jahr 2012 das Werk betrachtete, dachte sie an die Frau, die es in Auftrag gegeben und die einst genauso vor dem Gemälde gestanden hatte wie später Sabine Peters. „Ich bin mir sicher, dass sie, so wie wir heute, mit großer Freude und Begeisterung das Marienbild des berühmten Albrecht Dürer betrachtet hat", sagt die Kunsthistorikerin nachdenklich. In einer anderen Zeit, in einer anderen Welt.

„Ich kann mir vorstellen, dass sie das Gemälde oft anschaute und Kraft aus ihm schöpfte."

Eva-Maria Bast

....

Erinnerungsort:

Ursula Haller lebte in der Burgstraße 3, unterhalb des Fembohauses.

FREIGEISTIGE PAZIFISTIN
Sie ging ihren Weg

S ie war Pazifistin und drang in eine Männerdomäne vor: Anna Steuerwald-Landmann leitete die Jugendgerichtshilfe in Nürnberg und war damit die erste Frau, die an einem deutschen Gericht zugelassen war.

„Ich wollte das erreichen, was der Mann kann. Das war mein Stolz." Wenn man Anna Steuerwald-Landmann nach einem Lebensmotto gefragt hätte, dann wäre vermutlich dieser Satz gefallen. „Das hat sie öfters gesagt", schreibt Helmut Steuerwald in einem Vortrag über seine Mutter. Zeit ihres Lebens kämpfte die Nürnbergerin gegen die Ungleichbehandlung von Männern und Frauen, auch wenn sie selbst sich gar nicht als Frauenrechtlerin gesehen hat. „Das war ihr zu eng gefasst", sagt die langjährige SPD-Abgeordnete Lilo Seibel-Emmerling, die mit Anna Steuerwald-Landmann in deren letzten Lebensjahren befreundet war. Und in der Tat reichte das Engagement der gebürtigen Fürtherin weit über Frauenthemen hinaus.

Lilo Seibel-Emmerling und Anna Steuerwald-Landmann lernen sich 1976 bei einem Vortrag kennen, den die 40 Jahre jüngere SPD-Abgeordnete über das geänderte Ehenamensrecht hält. Zwar darf jetzt auch der Name der Frau als Familienname gewählt werden, doch nach wie vor ist ausgeschlossen, dass beide Partner ihren Namen behalten. Eine Benachteiligung, die Steuerwald-Landmann selbst mit 84 Jahren noch auf die Palme bringt. „Sie kam sehr bestimmt und fordernd auf mich zu", erinnert sich Lilo Seibel-Emmerling an ihre erste Begegnung mit der Frau mit Gretchen-Frisur, die ihr für ein paar Jahre zur mütterlichen Freundin und zum Vorbild wird. „Was ich denn dagegen zu tun gedenke, dass hier das Bürger-

---

Anna Steuerwald-Landmann engagierte sich für Toleranz und Gleichberechtigung.

liche Gesetzbuch zum Nachteil der Frauen erneut das Grundgesetz verletzt, hat sie mich gefragt." Auch wenn Lilo Seibel-Emmerling an der gesetzlichen Regelung nicht unmittelbar etwas ändern kann: Die beiden Frauen sind sich auf Anhieb sympathisch, die Jüngere freut sich über die fesselnden Erzählungen der Älteren, die ihr einen Einblick geben in das Schicksal eines kurz vor der Wende vom 19. zum 20. Jahrhundert geborenen Mädchens, das trotz widriger Bedingungen seinen Weg ging: „Sie war eine großartige Frau."

Anna kommt am 13. Februar 1892 als siebtes Kind von Pauline und Ernst Landmann zur Welt. Der Vater handelt mit Hopfen, die jüdische Familie bringt es zu einigem Wohlstand. Doch obwohl die Eltern ihre Kinder modern erziehen, spürt Anna früh die Unterschiede zwischen den Geschlechtern. „Sie hat sich über die für sie unbefriedigenden Schuljahre geärgert", sagt Lilo Seibel-Emmerling. „Im Unterschied zu den Jungen machten die Mädchen damals nur eine Art Pudding-Abitur." Hauswirtschaftliche Fächer stehen dabei im Vordergrund, schließlich wartet im Anschluss meistens die Rolle als Hausfrau und Mutter.

„Sie hat sich über die für sie unbefriedigenden Schuljahre geärgert. Im Unterschied zu den Jungen machten die Mädchen damals nur eine Art Pudding-Abitur."

Auch Anna absolviert nach dem Schulabschluss zunächst ein Haushaltsjahr bei Verwandten in Moskau. „Das fiel ihr nicht ganz leicht, weil sie Tag für Tag an einer großen Tischdecke sticken musste, was sie nur unter Tränen tat", schreibt ihr Sohn – Handarbeit lag ihr nämlich überhaupt nicht. Für ihren weiteren Lebensweg ist der Abstecher nach Moskau dennoch von entscheidender Bedeutung: Hier kommt sie mit der vorrevolutionären Avantgarde in Berührung, hier sieht sie die Notunterkünfte der Armen und wird sensibilisiert für das Thema soziale Gerechtigkeit. Der Auslandsaufenthalt legt quasi den Grundstein für das spätere soziale und politische Engagement der jungen Frau, die ein kritischer Geist ist.

„Anna hatte einen kämpferischen Charakter, der sich nicht einfach in traditionelle Beschränkungen und Bevormundung pressen ließ", sagt Lilo Seibel-Emmerling. Gegen den Willen ihrer Eltern setzt sie ein Studium durch, 1913 schreibt sie sich an der Universität Erlangen für die Fächer Philosophie, Literatur und Sozialwesen ein. Sie muss ihre akademische Ausbildung aber schon ein Jahr später nach Ausbruch des Ersten Weltkriegs unterbrechen, um der Familie zu helfen, weil die Brüder eingezogen worden sind. 1916 kann sie ihr Studium an der Hochschule für kommunale und soziale Verwaltung in Köln fortsetzen. Sie tritt in die SPD ein und engagiert sich in der „Internationalen Frauenliga für Frieden und Freiheit". Kurz vor Kriegsende stirbt ihr jüngster Bruder bei einem Sturmangriff, „ein Schlüsselerlebnis, das sie nun endgültig zur Pazifistin machte", so Helmut Steuerwald.

Ihren beruflichen Weg geht Anna konsequent weiter, selbst wenn sie dabei immer wieder auf Hürden stößt. Nach dem Studium bietet man ihr eine Stelle im Nürnberger Frauenreferat an, das damals der Wehrmacht untersteht, will ihr dafür aber weniger zahlen als den Männern. Anna Landmann setzt ihre Gleichbehandlung durch, wird dann wissenschaftliche Assistentin beim Wohlfahrtsamt und gründet dort die Jugendgerichtshilfe, deren Leitung sie übernimmt. „Als erste Frau in Deutschland war sie bei Gericht zugelassen", sagt Lilo Seibel-Emmerling, „sie arbeitete als Pionierin in Positionen, die zuvor Frauen

Lilo Seibel-Emmerling war mit Anna Steuerwald-Landmann befreundet.

nicht zugetraut wurden." Sie habe die Jugendgerichtshilfe quasi erfunden, betont Michael Bauer, Vorstand der Humanistischen Vereinigung, für die sich Anna Steuerwald-Landmann später engagiert hat. „Also die Vorstellung, dass Jugendliche eine besondere Begleitung brauchen, wenn sie kriminell werden oder sich auf dem Weg dorthin befinden, das hat sie hier eingeführt", so Bauer.

Doch obwohl sie sehr erfolgreich ist: In der Weimarer Republik stößt Anna Landmann an für sie sehr bittere Grenzen. Als sie 1923 Richard Steuerwald heiratet und dieser die Leitung des städtischen Knabenheims übernimmt, muss sie ihre Stelle aufgeben – das Beamtengesetz verbietet Ehepartner als Doppelverdiener im öffentlichen Dienst. Notgedrungen wird die damals 31-Jährige zur unbezahlten Hausmutter im Knabenheim – und zur erfolgreichen Dozentin an der Volkshochschule (heute Bildungszentrum). Von ihrem jüdischen Glauben hat sie sich da längst losgesagt, bereits 1921 ist sie offiziell aus der israelitischen Religionsgemeinschaft ausgetreten, weil sie an der Existenz eines Gottes zweifelt – auch das eine für die damalige Zeit ungewöhnlich konsequente Haltung. Vor dem aufkommenden Antisemitismus kann sie dieser mutige Schritt jedoch nicht schützen.

Schon 1923 ätzt der konservative Lehrerverband gegen die Übernahme der Heimleitung durch das Ehepaar Steuerwald-Landmann, weil „der Zustand besteht, dass deutsche Kinder durch eine aus fremder Rasse hervorgegangene Hausmutter betreut werden". Ende 1929 startet NSDAP-Gauleiter Julius Streicher eine regelrechte Hetzkampagne gegen die Dozentin, man wirft ihr vor, sie würde für die freie Liebe eintreten, und will gegen sie ein Vortragsverbot verhängen. Der Vorstoß scheitert zwar, doch nach der Machtergreifung durch die Nationalsozialisten gerät die Familie erneut unter Druck. Richard Steuerwald verliert seine Stelle, Arbeit findet er nicht mehr, und Anna darf nicht mehr unterrichten. Die vierköpfige Familie – Tochter Frolinde kam 1925 zur Welt, ihr Bruder Helmut wurde fünf Jahre später geboren – schlägt sich mit einer kleinen Rente durch und kommt auch dank der Hilfe von Nachbarn aus der Gartenstadt über die Runden. Mit sehr viel Unterstützung gelingt 1939 die Auswanderung nach Chile.

In Santiago arbeitet Anna ehrenamtlich an den *Deutschen Blättern* mit, zu deren Autoren berühmte Schriftsteller wie Stefan Zweig, Thomas Mann, Hermann Hesse und viele andere gehören. Auch die Nürnbergerin greift gelegentlich zur Feder. Zwar fordert sie eine Bestrafung der nationalsozialistischen Verbrechen, jedoch bezieht sie schon 1943 Stellung gegen eine Kollektivschuld der Deutschen: „Das deutsche Volk ist nicht Hitler! Endlos ist die Liste derer, die den vom Nazismus Verfolgten Hilfe leisteten. [...] Meine Liste trägt 106 – einhundertsechs – Namen! Ich habe hier verzeichnet: meine Allernächsten ebenso wie jene mir nicht persönlich bekannte Frau, die mir auf der Straße einen Koffer tragen half mit der Bemerkung: ‚Weil ich mich schäme, eine Deutsche zu sein.'" Von Chile aus organisiert sie Hilfslieferungen für die Not leidenden Kinder in Deutschland.

1947 kehrt die Familie nach Nürnberg zurück, Anna Steuerwald-Landmann engagiert sich jetzt unter anderem für UNICEF und im Bund für Geistesfreiheit. Toleranz, eine gewaltfreie Erziehung und die Vereinbarkeit von Familie und Beruf bleiben bis ins hohe Alter ihre Themen. „Ihr Leben steht exemplarisch sowohl für den Kampf der Frauen um Gleichberechtigung als auch für Frieden, Bildung und die Ablösung von religiöser Bevormundung", findet Lilo Seibel-Emmerling, die ein

> *„Ihr Leben steht exemplarisch sowohl für den Kampf der Frauen um Gleichberechtigung als auch für Frieden, Bildung und die Ablösung von religiöser Bevormundung."*

Geschenk von Anna Steuerwald-Landmann bis heute in Ehren hält: einen selbst gehäkelten Schal für ihre damaligen Dienstreisen in zugigen Zügen. „Wie groß und liebevoll dieses Geschenk war, begriff ich erst nach ihrem Tod im August 1980, als ihr Sohn Helmut von der Abneigung seiner Mutter gegen Handarbeiten berichtete."

Silke Roennefahrt

....
Erinnerungsorte:

Das Humanistische Haus für Kinder „Anna Steuerwald-Landmann" in der Johann-Krieger-Straße 51, die Stolzingstraße in der Gartenstadt, wo Anna gelebt hat, und die Steuerwald-Landmann-Straße in St. Jobst.

IKONE DES WIEDERAUFBAUS
Fotografin mit Leidenschaft

*M*it der Lupe in der Hand sitzt Gertrud Gerardi in ihrem Einfamilienhaus im Norden Nürnbergs über Stapeln ihrer Fotos. Es ist 1999, vor 63 Jahren war die gebürtige Westfälin Deutschlands erste Pressefotografin, mittlerweile ist sie 85 Jahre alt. Sie sieht nicht mehr so gut und hat sich einen großformatigen Fernseher gekauft, um weiter am Weltgeschehen teilnehmen zu können. Neugierde war immer ein wichtiger Motor in ihrem Leben. An der Wand hängt eine Weltkarte, die vielen Stecknadeln markieren Orte, die Gertrud Gerardi im Ruhestand bereiste. Und von denen sie ebenfalls hunderte von Fotos mitbrachte.

Sie sei kein sehr ordentlicher Mensch, ihr liege nichts daran, ihre eigene Arbeit akribisch zu archivieren, sagt Gertrud Gerardi entschuldigend zu Gaby Franger. Die Nürnberger Frauenforscherin ist zum Interview gekommen. Und die Fotografin, die 1975 die Bürgermedaille der Stadt Nürnberg erhielt und als wichtigste Chronistin des Wiederaufbaus Nürnbergs nach dem Zweiten Weltkrieg gilt, wundert sich trotz all der offiziellen Anerkennung über das Interesse an ihrer Person. „Was, Sie haben nach mir gesucht?", fragt Gertrud Gerardi und ihre Stimme klingt in der knisternden Tonaufnahme von 1999 aufrichtig überrascht. Diese eigenwillige Mischung aus Bescheidenheit und berechtigtem Stolz auf die eigene Arbeit ist typisch für die begnadete Nürnberger Fotografin und Journalistin.

Gaby Franger lehrte bis zu ihrer Emeritierung an der Hochschule Coburg Soziale Arbeit und kuratiert für „Frauen in der Einen Welt" Ausstellungen im Museum „Frauenkultur

Gertrud Gerardi bei der Arbeit.

Regional – International" in Fürth. Es war ein Foto, das in ihr den Wunsch weckte, Gertrud Gerardi kennenzulernen: Im Mai 1950 fotografierte diese eine Modenschau auf dem Nürnberger Hauptmarkt. Vor den Ruinen laufen drei Models in Strickröcken und Rollkragenpullovern lächelnd auf ihre Kamera zu. Die Zuschauenden haben sich ebenfalls herausgeputzt. „Dieses Foto ist für mich ein Symbol für den Neubeginn, für den unbändigen Willen, nach dem Krieg wieder ein gutes Leben zu führen", sagt Gaby Franger. Wie keine andere habe Gertrud Gerardi diese neue Lebensfreude dokumentiert.

Dabei wurde die Fotografin selber zur Ikone des Neuanfangs. Und zur Vertreterin eines starken weiblichen Selbstbewusstseins. Es gibt ein eindrucksvolles Foto von Gertrud Gerardi, wie sie im zerbombten Nürnberg in der Königstraße auf dem Dach eines Opel Olympia steht. Ihr Blick ist durch den Sucher ihrer Leica auf eine Prozession gerichtet, die über die Museumsbrücke zieht. Am Pegnitzufer stehen schäbige Baracken, im Hintergrund die zerstörte Sebalduskirche, deren Türme wie Stümpfe in den Himmel ragen. Es ist wohl der „Tag der Flüchtlinge" 1950, genau lässt sich das nicht mehr sagen. Gerardi trägt einen Hosenanzug, wie fast immer, wenn sie fotografiert. Seit 1949 leitet sie die Bildredaktion der *Nürnberger Nachrichten* und ihre „Arbeitskleidung" – zum maßgeschneiderten Anzug trägt die Blondine gern Bluse mit Schillerkragen – ist stadtbekannt. Anzüge von der Stange gab es in den 1940er- und 50er-Jahren für Frauen noch nicht, sie sollten bitteschön Kleider tragen. Doch sie braucht als Fotografin Bewegungsfreiheit, vor allem weil sie ungewöhnliche Blickwinkel liebt und gerne auf einer Leiter stehend die Vogelperspektive sucht.

Es habe ihr keineswegs Spaß gemacht, so aus der Rolle zu fallen, erzählt sie Gaby Franger. Geächtet worden sei sie dafür. Aber ebenso ungern erinnert sie sich an die Einweihung der Brücke über den Nürnberger Güterbahnhof. Bei dem Termin habe sie ausnahmsweise mal ein Kleid mit Petticoat getragen, und als der Rock hochflog und alle Kollegen auf sie schauten, wünschte sie sich ihren geliebten Hosenanzug sehnlichst herbei.

Als Chefin der Fotoredaktion einer der fünf größten deutschen Tageszeitungen sollte sie nie so recht das Gefühl verlieren, sich als Frau beweisen zu müssen. „Glauben Sie, der Stadtrat und so, meinen Sie, die hätten mich als Frau haben wollen?", sagt sie im Interview zu Gaby Franger. „Überall wurden Sie zuerst als Frau nicht gern gesehen." Doch sie setzte sich durch. Was ihr auch deshalb gelang, weil sie den Männern „das Fotografieren vormachen" konnte. „Ich habe sie nicht vorgeschickt, sondern habe es selbst gemacht."

Genug Erfahrung hat sie ja. Ihre Leidenschaft für die Fotografie entdeckt sie bereits als 13-Jährige. In Münster findet sie auf dem Dachboden ihrer Großeltern eine Fotokamera aus der Vorkriegszeit und beginnt sogleich voller Leidenschaft zu fotografieren. Sie drängt ihre Eltern, ihr eine Dunkelkammer im Keller einzurichten. „Drum fängt sie alle, Groß und Klein, in ihrem schwarzen Kasten ein", rufen ihr die Leute in Münster zu.

Ihre Mutter, die Malerin Anna Gerardi, unterstützt die Tochter, die rasch das Fotografieren zu ihrem Berufswunsch erklärt. Ihr Vater, ein Vermessungstechniker im Beamtendienst, „war wohl ein Mann seiner Zeit und der Überzeugung, dass Frauen irgendwann ohnehin heiraten und keinen Beruf ergreifen müssen", meint Franger. Dennoch lässt er Gertrud, ebenso wie ihre ältere Schwester, das Abitur machen – in den 30er-Jahren ist das keine Selbstverständlichkeit und durchaus kostspielig. Nach der Schule will sie erstmal etwas von der Welt sehen und reist nach England, als zahlender Gast lebt sie in einer Familie. Bei

Die Pressefotografin Gertrud Gerardi.

der Hinreise ist sie eine der wenigen auf dem Schiff, die nicht aus Nazi-Deutschland flüchten. Sie trägt noch die kreative Aufbruchsstimmung der Weimarer Zeit in sich: „Wir haben damals in den zwanziger Jahren sehr um die Demokratie gekämpft. Wir waren ja alle sehr wach. Ich empfand die Zeit so schön und aufregend", erinnert sie sich.

Zurück in Deutschland lässt Gertrud Gerardi sich 1933 als eine der wenigen Frauen an der renommierten „Bayerischen Staatslehranstalt für Lichtbildwesen" zur Fotografin ausbilden. Sie wohnt in Schwabing und schnorrt sich bei den höheren Töchtern durch, die in der Ausbildung eher einen Zeitvertreib als eine ernsthafte Berufung sehen. Nach der mit „gut" bestandenen Prüfung vor der Handwerkskammer will sie vor allem ihrem Vater beweisen, dass sie vom Fotografieren leben kann. Deshalb tritt sie 1935 die von der Schule vermittelte Stelle bei der Pommerschen Hitlerjugend an. „Ich war nicht von der Hitlerjugend begeistert, wirklich nicht, das war furchtbar." Sie sei nie Parteimitglied gewesen, betonte Gerardi später immer wieder. Und dass sie zwar nicht mutig, aber kritisch gewesen sei.

Durch Kontakte kommt sie 1936 zur *Pommerschen Zeitung* in Stettin, dem auflagenstärksten Blatt in Nazi-Deutschland, und ist die erste Pressefotografin einer deutschen Tageszeitung. Bei der *Pommerschen* gibt es nur noch einen alten Kollegen, der die Sportveranstaltungen fotografiert, was für eine Frau nun wirklich nicht in Frage kommt. Die jüngeren Kollegen werden nach und nach zum Kriegsdienst eingezogen und die Zeitung arrangiert sich notgedrungen mit der Frau hinter der Kamera. Adolf Hitler darf sie aber nicht fotografieren, als der nach Stettin kommt. Der „Führer" verlangt nach Fotografen in Uniform. Abends in der Redaktion wird politisiert, nicht alle seien linientreu gewesen, erzählt Gerardi. „Das Leben war so reich, weil es so extrem war", sagt sie später über die Weimarer Jahre und die Nazi-Zeit.

Gaby Franger im Archiv der Nürnberger Nachrichten mit Fotos von Gertrud Gerardi.

Bei der *Pommerschen Zeitung* lernt sie ihren Mann kennen, den Schriftleiter Roland Buschmann. Nach der Flucht zum Ende des Krieges holt Josef Drexel, der Verleger der seit 1945 erscheinenden *Nürnberger Nachrichten*, die beiden in die Redaktion. Man kennt sich aus der Zeit vor dem Krieg. Buschmann wird Chefredakteur und Gertrud Gerardi 1949 der erste festangestellte „Fotograf" des Verlags. Die männlichen Kollegen ärgert das, doch sie ist zäh und unter ihrer Leitung entwickelt sich die Bildredaktion zu einem zentralen Ressort. Dass ihr Mann beim Layout viel Wert auf die Bebilderung legt, trägt sicherlich dazu bei. Doch seine Ansprüche sind hoch, geschenkt wird ihr nichts.

Schnell ist sie in großen Teilen Nürnbergs bekannt. „Bei gesellschaftlichen Anlässen wurde ihr Mann oft als Herr Gerardi angesprochen", sagt Gaby Franger. Den habe das aber nicht weiter gestört. Und sie, die nie ihren Doppelnamen Buschmann-Gerardi benutzt, ist froh, einen so tollen und gelassenen Mann an ihrer Seite zu haben.

Als Chefin von drei männlichen Kollegen und als eine der ersten Frauen in dem Beruf erlebt sie den Fotojournalismus als männliche Domäne – und hartes Brot. Nicht nur, weil sie ihre 25 Pfund schwere Fotoausrüstung zu den Terminen schleppen muss. Der Druck, sich beweisen zu müssen, habe trotz ihrer erfolgreichen Arbeit nie abgenommen, sagt Gerardi im Gespräch mit Franger und erzählt ihr von dem Auftrag, in einer Fabrik Arbeiter abzulichten. Die hätten sie zunächst provozierend angegrinst. Aber sie ging zu ihnen, fragte artig, ob ihr die Männer mal die Abläufe erklären könnten. Gertrud Gerardi: „Sie müssen sich immer einfühlen in die Leute. Sie können nicht großkotzig ankommen. Sie müssen sich gegenüber allen Leuten durchsetzen."

Die Fotojournalistin sollte nie das Gefühl verlieren, dass sie nicht die Anerkennung bekommt, die ihr zugestanden hätte, glaubt Franger. Als kreativen Ausgleich liebt sie es, für die *Fränkische Sonntagspost*, das Wochenend-Magazin der *Nürnberger Nachrichten,* durch die Landschaft zwischen Main und Altmühl zu wandern und den Zauber des fränkischen Landlebens einzufangen. „Das war ihre Nische, die männlichen Kollegen hatten keine Lust darauf, und sie entkam endlich mal der Konkurrenz", sagt Gaby Franger.

Getrud Gerardi fotografiert aber auch Polit-Stars wie Willy Brandt, mit dem sie sogar einen Cognac trinkt. Auch Hans Albers trifft sie. Doch besonders wichtig ist es ihr, das Leben der einfachen Bürger festzuhalten.

„Das war ihre Nische, die männlichen Kollegen hatten keine Lust darauf, und sie entkam endlich mal der Konkurrenz.“

Sie kennt in Nürnberg jeden Stein und jedes Haus, längst liebt sie die Frankenmetropole von Herzen und mehr als ihre Heimat Münster.

1962 stirbt ihr Mann, fünf Jahre später verlässt sie die Redaktion, um bis 1974 die Bildstelle des städtischen Hochbauamts zu leiten. Auch dort will sie der Stadtrat zunächst nicht haben.

Im Ruhestand genießt sie ihren Garten mit Swimmingpool und das Reisen. 2002 stirbt Gertrud Gerardi mit 88 Jahren. „Ich konnte mich in meinem Beruf verwirklichen, das war etwas Neues als Frau, deshalb war es eine tolle Zeit und ein phänomenales Jahrhundert", resümiert sie 1999. „Sie hatte das Gefühl, Frauen den Weg geebnet zu haben, in der Fotografie wie im Journalismus." Dass sie trotz ihres nicht leichten Weges bis ins hohe Alter „umwerfend positiv" und voller Energie ist, beeindruckt Gaby Franger besonders.

Ute Möller

....

Erinnerungsort:

Gertrud Gerardi leitete von 1949 bis 1967 die Fotoredaktion der Nürnberger Nachrichten. *Im Archiv des Verlagsgebäudes in der Marienstraße 9 lagern zahlreiche ihrer Fotos.*

So könnte die Giftmischerin Anna Zwanziger bei der Arbeit ausgesehen haben.

GIFTMISCHERIN

„Mein Tod ist ein Glück für die Menschen"

Sie mordete. Ein Mal. Zwei Mal. Drei Mal. Und es wären noch viele weitere Morde hinzugekommen, wenn man sie nicht überführt hätte. Denn Anna Zwanziger mordete nicht aus Not oder aus Bedrängnis. Nein, sie mordete aus Lust am Töten. Darauf zumindest lassen ihre letzten Worte schließen, in denen sie sich, als sie ihr Todesurteil erhielt, fast erleichtert darüber zeigte, dass sie hingerichtet werden sollte. Denn sonst, sagte sie, hätten noch mehr Menschen sterben müssen. Weil sie einfach nicht aufhören könne.

Stadtführerin Gabi Döhler hat sich mit dieser finsteren Frauengestalt des ausgehenden 18. und beginnenden 19. Jahrhunderts beschäftigt.

Anna Margaretha Zwanziger wird im August 1760 als Anna Margaretha Schönleben im Gasthof Zum Schwarzen Kreuz in der Irrerstraße 17 in Nürnberg geboren. Schon ihre Kindheit ist schwer: Ihre Eltern sterben früh, Anna ist nun Vollwaise und wird zwischen verschiedenen Pflegestellen hin- und hergereicht, bevor sie im Alter von zehn Jahren zu ihrem Vormund, Herrn Steinacker, einem wohlhabenden Kaufmann in Nürnberg, kommt. Der lässt ihr zwar eine gute Ausbildung angedeihen, verheiratet sie aber im Alter von 15 Jahren mit dem 30-jährigen Unteroffizier und späteren Notar Johann Zwanziger. Die Ehe ist von Anfang an unglücklich. „Es gab Streit, Gewalt und viel Einsamkeit", berichtet Gabi Döhler. „Annas Gatte war Alkoholiker, und als Anna mit 21 Jahren volljährig wurde, erhielt ihr Ehemann das Erbe ihres Vaters, das beide durch einen ausschweifenden Lebenswandel sehr schnell durchbrachten." Kinder werden geboren, das Paar hat aber nicht mehr genug Geld, um sie zu ernähren. Aus Not wird Anna zur Hure. Aber sie ist vorsichtig: „Sie verkaufte ihren Körper an hochgestellte Männer, von denen sie sicher sein konnte, dass sie nichts von ihrer Tätigkeit verlauten ließen", sagt Gabi Döhler. 1796 stirbt Johann Zwanziger an den Folgen seiner Alkoholsucht und lässt Anna und die beiden gemeinsamen Kinder mittellos zurück. Anna versucht, sich und ihre Kinder mit Anstellungen als Haushälterin durchzubringen. Zwölf Jahre nach dem Tod ihres Gatten nimmt sie eine Stelle als Haushälterin bei dem Justizamtmann Glaser in Kasendorf in der Nähe von Bayreuth an.

Und dann beginnt Annas Karriere als Serienmörderin. Das erste Mal mordet sie entweder aus Liebe oder aus Berechnung, weil sie sich ein besseres Leben erhofft: „Anna Zwanziger bildete sich ein, dass Glaser sie heiraten würde, wenn die Ehefrau nicht mehr da wäre. Sie entschloss sich, die Ehefrau mit grauem Arsen, damals als Mückenstein bezeichnet, zu vergiften. Die Ehefrau verstarb, ohne dass Anna Zwanziger in Verdacht geriet", erzählt Gabi Döhler. Doch Anna hat die Rechnung ohne den Wirt, respektive ohne den Mann gemacht: Glaser denkt gar nicht daran, sie zu heiraten.

Anna verlässt ihren Dienstherrn und nimmt im September 1808 eine Anstellung im Hause des Junggesellen Gromann in Sanspareil an. Gromann ist ebenfalls Justizangestellter. Wieder hofft sie, von ihrem Dienstherrn geheiratet zu werden, wieder wird sie enttäuscht: „Als sie erfuhr, dass er in eine andere Frau verliebt war und sie deshalb nicht ehelichen würde, vergiftete sie auch ihn. Er verstarb im Mai 1809 an kurzer und heftiger Krankheit", berichtet die Gästeführerin. Da Gromann als kränklicher Mann gilt, fällt erneut kein Verdacht auf Anna Zwanziger.

Nun nimmt sie eine weitere Stellung an, diesmal bei dem Richter Gebhardt. Innerhalb weniger Tage, nachdem Anna ihre Arbeit angetreten hat, stirbt dessen Gattin im Wochenbett. Vorher hat sie noch den Verdacht geäußert, von Anna Zwanziger vergiftet worden zu sein. Auch Gebhardt, zwei Mägde und das jüngste Kind der Familie erkranken. „Daraufhin ließ Gebhardt die Lebensmittel in einer Apotheke einer chemischen Analyse unterziehen. Dabei wurden große Mengen Arsen in den Salzvorräten der Familie festgestellt", erzählt Gabi Döhler die Geschichte weiter. Am 29. September 1809 erstattet Gebhardt beim zuständigen Kriminalsenat in Bayreuth Anzeige gegen Anna Zwanziger. Nun beginnen die Beamten zu kombinieren. „Zunächst wurde die verstorbene Frau Glaser, in deren Diensten Anna Zwanziger gestanden hatte und die bereits seit einem Jahr tot war, exhumiert", berichtet die Nürnbergerin. Und tatsächlich, Elisabeth Glaser weist die typischen Merkmale einer Arsenvergiftung auf: Unüblich geringe Verwesung des Leichnams, der Körper wie bei Mumien verhärtet. Kurz darauf werden auch die Leichen von Gromann und Margaretha Barbara Sabine Gebhardt exhumiert und obduziert. Sie zeigen ebenfalls die Symptome einer Arsenvergiftung. „In den Eingeweiden ließ sich bei Glaser und Gebhardt Arsen direkt nachweisen", hat Gabi Döhler in den alten Gerichtsakten recherchiert. Nun gibt es keinen Zweifel mehr: Beide sind an einer Arsenvergiftung gestorben. Bei Gromann hingegen kann kein Arsen nachgewiesen werden. „Deshalb wurde in diesem Fall lediglich der Verdacht geäußert, dass er von Anna Zwanziger ebenfalls vergiftet worden war."

Es ergeht Haftbefehl. Am 18. Oktober 1809 wird Anna Zwanziger in Nürnberg festgenommen. Sie hat drei Päckchen Gift bei sich.

Am folgenden Tag beginnen die Vernehmungen, die bis Mitte April 1810 dauern. Anna Zwanziger leugnet unbeirrt jede Schuld am Tod der drei Menschen. „Als man sie jedoch mit den ärztlichen Gutachten konfrontierte, brach sie zusammen und gestand die Morde", berichtet Gabi Döhler. Am 7. Juli 1811 verkündet das Königlich-Bayerische Appellationsgericht des Mainkreises folgendes Urteil: „Die in Gewahrsam des Stadtgerichtes Kulmbach befindliche verwitwete Anna Margaretha Zwanziger, geborene Schönleben, ist des dreifachen Giftmordes schuldig und soll mit dem Schwert vom Leben zum Tode gerichtet, sodann ihr Körper aufs Rad gelegt werden. Das Urteil wird dem Oberappellationsgericht zur Bestätigung zugeleitet."

Gabi Döhler am Grabstein des Justizamtmanns Gromann in Wonsees.

Einen Körper aufs Rad zu legen, war eine seit dem Mittelalter bekannte Hinrichtungsart. Wenn Anna Zwanziger zunächst enthauptet wird, hat sie, so paradox es klingen mag, noch Glück. Die qualvollere Hinrichtungsmethode war, einem Delinquenten bei vollem Bewusstsein alle Knochen zu brechen und ihn anschließend mit dem Gesicht nach außen auf ein Rad zu binden. Diese Tötungsmethode nannte man „rädern". Häufig wurden diese so auf das Rad geflochtenen Menschen dann zur Schau gestellt, was zur Abschreckung dienen sollte.

Anna entgeht diesem Schicksal und zwar sowohl vor als auch nach ihrem Tod: Am 7. September 1811 trifft beim Stadtgericht folgendes Schreiben des Königlich-Bayerischen Oberappellationsgerichtes in München ein: „Das Oberappellationsgericht in der Königlichen Hauptstadt München hat am 16. August das Urteil des Appellationsgerichts des Mainkreises in Bamberg vom 7. Juli 1811 bestätigt, womit die verwitwete Anna Zwanziger, geborene Schönleben, mit dem

Schwert vom Leben zum Tode zu bringen ist. Auf Weisung seiner Majestät, des Königs Maximilian Josef soll jedoch das Auflegen des toten Körpers auf das Rad unterlassen bleiben. Die Exekution ist auf den 17. September früh anberaumt."

Wie der *Baierischen National-Zeitung* zu entnehmen ist, war Anna Margaretha, verwitwete Zwanziger, geborene Schönleben aus Nürnberg zum Zeitpunkt ihrer Hinrichtung 50 Jahre alt. „Das Resultat der Untersuchung lieferte den rechtlichen Beweis, dass die Zwanziger zweimal des Verbrechens des Tödtens durch Gift sich schuldig gemacht (an der Justizamtmännin Glaser und der Kammeramtsmännin Gebhardt, wo sie in Diensten stand) und eine Reihe anderer Vergiftungen, welche keine tödtlichen Folgen hatten, verübt hat." Und weiter berichtet das Blatt: „Die Zwanziger gestand ferner, einem Kammerherrn in Weimar einen Ring von 70 bis 80 Louisd'or gestohlen zu haben, den sie um 80 Gulden verkauft, und bei ihrem Abgang aus dem Gebhardtischen Hause das in der Küche befindlich gewesene Salz vergiftet zu haben. Die Giftmischerin vergiftete in Kaffe, Thee, Bier durch Mückenstein, Arsenik und Mäusegift."

Anna Zwanziger bleibt bei der Verkündung ihres Urteils gefasst. Während sie es unterschreibt, denkt sie ein Mal, ein einziges Mal, an die anderen und sagt: „Mein Tod ist für die Menschen ein Glück. Es wäre mir nicht möglich gewesen, meine Giftmischerei zu unterlassen."

Eva-Maria Bast

....
Erinnerungsorte:

Anna Zwanziger wurde in der Irrerstraße 17 geboren. Ihre Hinrichtungsstätte befand sich in Kulmbach „Auf der Draht" in der Gegend des ehemaligen Schützenhausplatzes an der Luitpoldstraße, die vorher „Arme-Sünder-Gässchen" hieß. Heute erstrecken sich hier eine Parkanlage und eine Teilfläche für Parkplatz und Wohnbebauung. Sie wurde dort vermutlich auch an Ort und Stelle beerdigt.

FÜR DIE GLEICHBERECHTIGUNG
Zentrale Gestalt der Frauenbewegung

„Sie war durch ihr gesellschaftliches, soziales und frauenpolitisches Engagement eine wichtige Persönlichkeit im städtischen Leben der Noris", sagt Daniela Semann über Helene von Forster. Die Wirtschaftswissenschaftlerin ist von dieser Politikerin ausgesprochen fasziniert. Nicht zuletzt, weil sie für liberale Auffassungen und damit für die Gleichberechtigung der Frauen in Beruf und Politik eintrat. Daniela Semann bescheinigt ihr: „Helene von Forster wurde zur zentralen Gestalt der bürgerlichen Frauenbewegung in Nürnberg."

Die Tochter des Kommerzienrats und Leiters einer Nürnberger Drahtfabrik Christian Schmidmer und seiner Frau Nanette wächst als ältestes von vier Kindern in einem großzügigen Anwesen am Egidienplatz auf. Sie besucht zunächst das „Unterrichts-Institut für Töchter aus den höheren Ständen", bekannt als Port' sches Institut in Nürnberg, und anschließend ein Pensionat in Lausanne. „Das war zeitentsprechend: Lerne Französisch und Benimm-Etikette", erläutert Daniela Semann. Als Helene 24 Jahre alt ist, heiratet sie am 20. September 1882 den Augenarzt Sigmund von Forster, im Jahr 1894 bekommt das Paar eine Tochter. „Helene wurde nicht nur Ehefrau, sondern half ihrem Mann engagiert in dessen Augenklinik und arbeitete mit ihm im Operationssaal", schildert die Nürnbergerin. „Sie nahm sich auch der Not und der Sorgen vieler Patienten an. Gemeinsam besuchte das Paar wissenschaftliche Tagungen."

Neben ihrem naturwissenschaftlichen Interesse widmet Helene sich der Dichtkunst, wird Mitglied des 1644 gegründeten und bis heute bestehenden Pegnesischen Blumenordens,

Helene von Foster war eine wichtige Gestalt in der Nürnberger Frauenbewegung.

einer Literaturvereinigung, und ist in der Nürnberger Gesellschaft bald außerordentlich angesehen. Viele ihrer Werke werden veröffentlicht, zum Beispiel ein Festspiel zum 2. Bayerischen Frauentag sowie ein Schauspiel über Nürnberger Frauen. „In ihrem Büchlein *Stimmungsbilder aus Nürnberg* beschreibt sie, wie arme Kinder auf dem Christkindlesmarkt auf der Insel Schütt versuchen, halbverdrückte Sterne zu verkaufen, wie Kleinbürger auf dem Trödelmarkt feilschen oder wie Marktfrauen den Kolonnaden auf dem Hauptmarkt hinterhertrauern, weil diese sie vor Zugluft geschützt haben."

Es ist eine unruhige Zeit. Eine, in der die Frauen aus den scheinbar für sie vorgesehenen Plätzen ausbrechen, für ihre Rechte kämpfen, an die Universitäten drängen und das Wahlrecht fordern. Auch Helene von Forster ist mit von der Partie. Durch Bertha Kipfmüller (1861-1948), eine der ersten professionellen Lehrerinnen Mittelfrankens, kommt sie zur Frauenbewegung und hilft 1892 bei der Organisation einer Tagung des 1865 gegründeten Allgemeinen Deutschen Frauenvereins (ADF), des ersten Frauenvereins Deutschlands. Er hat das Ziel, sich für das Recht der Frauen auf gleiche Bildung sowie für Chancengleichheit am Arbeitsmarkt einzusetzen. Helene hält

Daniela Semann hat sich mit dem Leben der Helene von Forster beschäftigt.

dort auch einen Vortrag über *Die Frau als Gefährtin des Mannes.* „Der Frau, so führte von Forster aus, sei das Joch auferlegt, dass sie nicht nach Maßgabe ihrer geistigen Fähigkeiten die Stellung einnehmen kann, welche ihr gebührt", erklärt Daniela Semann. Das sagt Helene von Forster nicht einfach so ins Blaue hinein, sondern bezieht sich damit auf die aktuelle Diskussion um die Zulassung der Frauen zum Universitätsstudium, „die mit Argumenten wie dem weiblichen Mangel an geistiger Energie abgelehnt wurde", wie Daniela Semann sagt.

Doch die junge Frau will noch mehr tun, als nur Vorträge zu halten: Zusammen mit Bertha Kipfmüller sowie anderen engagierten Nürnbergerinnen gründet sie 1893 den Verein „Frauenwohl" und wird zur ersten

„Der Frau, so führte von Forster aus, sei das Joch auferlegt, dass sie nicht nach Maßgabe ihrer geistigen Fähigkeiten die Stellung einnehmen kann, welche ihr gebührt."

Vorsitzenden gewählt. Schnell hat der Verein rund 2.000 Mitglieder, macht sich für eine Verbesserung der Ausbildungs- und Arbeitsmöglichkeiten für Frauen stark und veranstaltet hauswirtschaftliche und sprachliche Abendkurse. „Außerdem setzte er sich für die Errichtung einer Rechtsschutz- und Arbeitsvermittlungsstelle ein", schildert Daniela Semann die Vereinstätigkeit. „1898 wurde das erste Wöchnerinnenheim in Bayern geschaffen, eine der bedeutendsten Leistungen des Vereins."

Helene von Forsters politische Karriere beginnt aber im Grunde erst nach Ende des Ersten Weltkriegs mit der Einführung des Frauenwahlrechts. „1919 wurde sie für die Deutsche Demokratische Partei in den Nürnberger Stadtrat gewählt, wo sie sich weiter für das Mädchenschulwesen einsetzte. Sie starb jedoch noch während ihrer ersten Amtsperiode am 21. März 1923 und wurde auf dem Johannisfriedhof in der Forster'schen Familiengruft beigesetzt", erzählt die Wirtschaftswissenschaftlerin über die letzte Lebensperiode dieser besonderen Frau.

1927 bescheinigt Bertha Kipfmüller ihrer Mitstreiterin Helene von Forster eine „gewinnende, tatkräftige Persönlichkeit". Diese sei „die beste Gewähr für das Aufblühen des Vereins, der allerdings in ganz andere Bahnen gelenkt wurde, als wir anfangs zu gehen gedachten". Und weiter beschreibt Bertha Kipfmüller: „Von außen kam der Anstoß zur Errichtung von Abendnähkursen für Arbeiterinnen. Das war weniger geistig als die Gymnasialkurse für Mädchen, die um jene Zeit in Karlsruhe, Leipzig und Berlin bereits eingerichtet worden waren und die auch wir planten. Aber diese Abendkurse, die allmählich das ganze Gebiet weiblicher Hand- und Hausarbeit umfassten und ihren Höhepunkt in Sprachkursen für Englisch und Französisch erreichten, wurden bald bekannt und Hunderte, später Tausende von Frauen und Mädchen dankten ihnen eine gründliche Ausbildung."

„Ob Handwerker- oder Patrizierfrau: Ohne sie ging es nicht."

Nürnberg, sagt Daniela Semann, habe ausgesprochen starke Frauen hervorgebracht, und sie hätten an der wirtschaftlichen Entwicklung großen Anteil gehabt. „Ob Handwerker- oder Patrizierfrau: Ohne sie ging es nicht."

Eva-Maria Bast

....

Erinnerungsorte:

In Nürnberg ist seit 2001 die Grundschule Am Röthenbacher Landgraben nach Helene von Forster benannt. An ihrem Wohnhaus am Egidienplatz 33 ließ der Verein Frauenwohl eine Gedenktafel anbringen. Sie wurde im Zweiten Weltkrieg zerstört und nach dem Wiederaufbau durch eine neue Tafel mit Inschrift ersetzt. In Röthenbach bei Schweinau trägt ein Schulzentrum ihren Namen.

Unternehmerin mit Herz: Henriette Schmidt-Burkhardt.

DIE LEBKUCHEN-LADY

Von der Lehrerin zur Firmenchefin

Sie war Unternehmerin und Mäzenin: Henriette Schmidt-Burkhardt hat nicht nur als Chefin von Lebkuchen-Schmidt, sondern auch als Sponsorin vieler kultureller Veranstaltungen Spuren in der Stadt hinterlassen. „Für eine Frau ihrer Zeit ist sie einen ganz außergewöhnlichen Weg gegangen", sagt Nürnbergs Kulturreferentin Prof. Dr. Julia Lehner, die Henriette Schmidt-Burkhardt über viele Jahre hinweg freundschaftlich verbunden war. Dabei verlief der Lebensweg der „Lebkuchen-Lady" ganz anders, als ursprünglich geplant.

Die Szene hat sich alljährlich wiederholt und sie ist langjährigen Mitarbeitern bis heute im Gedächtnis: Am letzten Tag vor Weihnachten, wenn das stressige Saisongeschäft endlich bewältigt war, trommelte Henriette Schmidt-Burkhardt ihre Beschäftigten zusammen und wünschte allen ein frohes Fest. „Jetzt geht ihr heim und feiert schön mit eurer Familie. Ich hab ja keine mehr, ich feiere mit meinem Hund." Mit diesen Worten schickte die Chefin ihre Belegschaft nach Hause. Ein bisschen klang da immer die Einsamkeit an, die Henriette in ihren letzten Lebensjahren begleitet hat. „Die Firma war ihre Familie", sagt Julia Lehner.

Dabei ist die gebürtige Nürnbergerin eher zufällig in das Lebkuchengeschäft hineingeraten. Am 8. März 1926 geboren, wächst Henriette Koester in gutbürgerlichen Verhältnissen als Tochter eines Beamten in St. Leonhard auf. Dem Stadtteil bleibt sie auch später verbunden, denn nach ihrem Pädagogikstudium arbeitet sie als Lehrerin an der dortigen Grundschule. 1952 heiratet sie Rudolf Schmidt-Burkhardt, der 1959 gemeinsam mit seinem Bruder in das väterliche Lebkuchengeschäft einsteigt. Seine Frau hat mit der Produktion der Backwaren zunächst nichts zu tun. Da ihre Ehe kinderlos bleibt, arbeitet sie etliche Jahre weiter als Lehrerin und hilft nur gelegentlich im Betrieb mit.

Prof. Dr. Julia Lehner bewundert an Henriette Schmidt-Burkhardt unter anderem deren Disziplin.

Doch das Schicksal zwingt ihr einen Kurswechsel auf. Ehemann und Schwager sterben 1980 und 1983 im Abstand von nur drei Jahren, Henriette sieht sich in der Pflicht, das Unternehmen weiterzuführen. Schließlich geht es nicht um irgendeine x-beliebige Firma. Lebkuchen Schmidt ist einer der letzten industriellen Familienbetriebe in der Stadt, die sich der Produktion der weltberühmten Nürnberger Spezialität verschrieben haben.

Schon die Entstehungsgeschichte des Unternehmens ist eine besondere, sie beginnt 1927 mit drei Eisenbahnwaggons voll Lebkuchen, die der Bruder des Firmengründers E. Otto Schmidt in Thüringen von einem Kunden in Zahlung genommen und zur Vermarktung nach Nürnberg geschickt hatte. Schmidt stellt die Lebkuchen zu Sortimenten zusammen und verschickt sie an Privatleute. Der erste Lebkuchen-Versand der Welt ist damit geboren – und so erfolgreich, dass Schmidt selbst in einer kleinen Nürnberger Backstube mit der Lebkuchen-Produktion beginnt, um die Nachfrage bedienen zu können. 1933 beschäftigt er rund 100 Mitarbeiter. Doch schon fünf Jahre später wird er, wie viele andere Unternehmer auch, von den Nationalsozialisten aus politischen Gründen enteignet. Seine kleine Fabrik übersteht den Krieg nicht, sie wird vollständig zerstört. Schmidt gelingt es, die Produktionsstätte bis 1950 wiederaufzubauen. Neun Jahre später steigen seine beiden Söhne in das Unternehmen ein, der Betrieb wächst und zieht von der Nürnberger Südstadt nach Langwasser um.

Als die beiden Chefs sterben, ist das ein Einschnitt. Henriette ringt mit sich, wagt sich dann aber doch ins ungewohnte Metier. Die Übernahme der Firma wird für sie zur späten Lebensaufgabe. „Einfach war das für sie am Anfang nicht", sagt Karin Bayer-Klier, seit vielen Jahren Werbeleiterin bei Lebkuchen Schmidt. „Sie hatte zwar die Entwicklung der Firma miterlebt, aber sie war ja nicht in der Materie drin." Doch der Betrieb liegt ihr am Herzen, zudem will sie „ihre Schmidtler" nicht hängen lassen. „Sie wollte, dass es weiterläuft." Deshalb nimmt die damals 57-Jährige die Herausforderung an, auch, um die Arbeitsplätze in dem Familienbetrieb zu sichern. „Einer musste es ja machen", sagt sie einmal. „Und das war eben ich, auch wenn das bestimmt nicht mein Wunschtraum war. Sondern das Leben hat mich da hineingehievt."

Sie wird keine Chefin, die die Geschäfte nur aus der Ferne lenkt. Rund drei Jahrzehnte lang, bis kurz vor ihrem Tod am 21. Februar 2014, ist sie fast täglich in der Firma präsent. Viele ihrer Mitarbeiter kennt sie persönlich, auch in der Produktion schaut sie regelmäßig nach dem Rechten. Muss ein Beschäftigter ins Krankenhaus, schickt sie ein großes Lebkuchenpaket fürs Pflegepersonal in die Klinik, manchmal macht sie auch einen Krankenbesuch. Und wenn ein Mitarbeiter Probleme hat, hat sie stets ein offenes Ohr. „Sie hat immer geholfen, wenn es nötig war", sagt Henriette Schmidt-Burkhardts frühere Sekretärin Josefine Liebig-Walz.

Dabei ist ihr Führungsstil eher unkonventionell. Manchmal duzt sie ihre Mitarbeiter, die das als eine Art Auszeichnung empfinden. „Es wäre natürlich nie jemand auf die Idee gekommen, sie zurück zu duzen", sagt Karin Bayer-Klier. In der Unternehmensführung ist sie konservativ, was zur Klientel der Firma passt: Im Schnitt sind ihre Kunden 64 Jahre alt. Allzu viele Experimente braucht es da nicht. „Sie hat das Steuer immer fest in der Hand gehalten", erklärt der Unternehmer Gerd Schmelzer, der heute die Geschäfte führt. Unter Henriettes Leitung wächst der Betrieb, auch, weil sie mit der Firma Wicklein ihren größten Konkurrenten aufkaufen kann. Der Firmensitz in Langwasser wird Zug um Zug erweitert; mittlerweile setzt das Unternehmen, das seine Ware auch via Internet und in den eigenen Läden verkauft, rund 90 Millionen Euro pro Jahr um.

In der Kantine der Firma haben die Angestellten ihre ehemalige Chefin bis heute vor Augen. Über der langen Reihe mit Fotos der Mitarbeiter hängt dort ein großes Porträt. Es zeigt eine modisch gekleidete Frau mit flottem Kurzhaarschnitt, die fröhlich in die Kamera lacht und deutlich jünger wirkt als ihre 87 Jahre. Zur grün-violett gemusterten Bluse trägt sie ein Weißgoldcollier samt passenden Ohrringen – edler Schmuck, weiß Julia Lehner, sei eine von Henriettes Leidenschaften gewesen. „Auch auf eine gepflegte Erscheinung hat sie viel Wert gelegt. Sie war eine sehr selbstbewusste Person, die klare Vorstellungen hatte, was die Ästhetik anbelangt." Ihrer Führungsriege verordnet sie Krawattenzwang, gefällt ihr etwas nicht, sagt sie im breiten Nürnbergerisch deutlich ihre Meinung. „Als Chefin war sie sehr direkt und deshalb nicht immer einfach", so die Kulturreferentin, „aber sie war auch hilfsbereit und mütterlich."

Diese große Hilfsbereitschaft zeigt sich noch in einem weiteren Bereich: „Henny", wie sie Vertraute nennen, ist eine der größten Sponsorinnen in der Stadt und fördert zahlreiche kulturelle Projekte. Von Anfang an unterstützt die Opernfreundin das „Klassik Open Air", zu dem die Nürnberger bis heute zwei Mal im Jahr in Scharen pilgern. Beim „Picknick im Luitpoldhain" spielen die Nürnberger Symphoniker und die Staatsphilharmonie Nürnberg auf – ein entspannter Kunstgenuss im Freien, der unter anderem dank Henriettes Förderung kostenlos ist. „Dass man die Menschen auf einem so unkomplizierten Weg für klassische Musik begeistern kann, hat ihr als ehemaliger Lehrerin gefallen", sagt Julia Lehner.

Auch für weitere Projekte gibt sie ihr Geld großzügig aus. So unterstützt die „Rudolf und Henriette Schmidt-Burkhardt-Stiftung" einen neuen Konzertsaal für die Hochschule für Musik und sponsert den Lehrstuhl für Lebensmittelchemie an der Universität Erlangen-Nürnberg. Dem Nürnberger Tierheim stiftet die Hundefreundin, deren treueste Begleiter ihre Schäferhunde sind, ein Welpenhaus. Für ihr Engagement als Unternehmerin und Mäzenin wird Henriette unter anderem mit dem Bayerischen Verdienstorden und mit der Bürgermedaille ihrer Heimatstadt geehrt.

Dass sie bis ins hohe Alter die Geschäfte führen kann, ist auch ihrer Disziplin zu verdanken. Fast täglich zieht sie in ihrem Schwimmbad ihre Bahnen. „Das habe ich sehr bewundert", sagt Julia Lehner. Auch die Arbeit hält sie fit. „Ich brauch das, ich muss aufstehen, mich herrichten und in mein Geschäft gehen." So zitiert Karin Bayer-Klier ihre frühere Chefin. „Sie hat sich ihre Lebensfreude bis ins hohe Alter bewahrt", betont Gerd Schmelzer.

Als Unternehmerin beweist sie Weitsicht und überschreibt ihre Firmenanteile schon vor ihrem Tod ihrer Stiftung, um zu verhindern, dass der Betrieb von einem der großen Konzerne aufgekauft wird. „Sie hat damit auch die Arbeitsplätze der 350 festen Mitarbeiter, zu denen noch einmal ebenso viele Saisonkräfte kommen, sichern wollen", sagt Gerd Schmelzer. Als Henriette Schmidt-Burkhardt 2014 stirbt, weiß sie ihre Angelegenheiten geregelt.

Silke Roennefahrt

....
Erinnerungsorte:

Lebkuchen Schmidt, Zollhausstraße 30, und – ideell gesehen – das Nürnberger Klassik Open Air, das zwei Mal jährlich im Luitpoldhain stattfindet und dessen Fortbestand dank der Spenden Henriette Schmidt-Burkhardts gesichert ist.

BOTSCHAFTERIN DER INSEKTEN
Nürnbergs große Forscherin

*D*er Garten ist klein. Aber er hat einen ganz besonderen Zauber. Umso mehr, wenn man weiß, dass es einst das Gärtchen einer besonderen Nürnbergerin war: Maria Sibylla Merian. „An diesem Ort neben der Kaiserkapelle auf der Burg", findet die Nürnberger Sozialwissenschaftlerin Margot Lölhöffel, während sie ihren Blick, wie dereinst Maria Sibylla Merian, über die Stadt schweifen lässt, „kann man dem Geist dieser besonderen Frau ganz hervorragend nachspüren und sich vorstellen, wie sie damals in Nürnberg lebte." Es waren nur 14 Jahre, aber sie prägten Maria Sibyllas weiteren Lebensweg. „Nürnberg, diese aufstrebende Stadt mit vielen interessierten Bürgern, die Bücher und Naturalien sammelten, war eine ideale Startrampe für ihre Karriere", überlegt Margot Lölhöffel. „Das beliebteste Hobby waren Hunderte von Gärten, die einen Ring um die Stadtmauer bildeten und liebevoll, oft sogar mit empfindlichen exotischen Zitrusbäumchen, gestaltet wurden."

Geboren wird Maria Sibylla Merian in Frankfurt am Main in einer unruhigen Zeit: Seit fast 30 Jahren tobt ein Krieg in Europa, der Hungersnöte, Seuchen, Armut und damit viel Leid über die Bevölkerung bringt. Doch das kleine Mädchen hat Glück, ihr Vater, der Kupferstecher und Verleger Matthäus Merian der Ältere (1593-1650), arbeitet unermüdlich und erfolgreich. Sein Name ist durch die von ihm angefertigten detailgenauen Stadtansichten noch heute in aller Munde. Matthäus Merian gibt sein Talent an seine Tochter weiter. Sehr viel mehr hat sie aber nicht von ihm: Als das kleine Mädchen auf die Welt kommt, ist er schon 54 Jahre alt, drei Jahre später stirbt

Maria Sibylla Merian widmete ihr Leben der Insektenforschung.

er. Die verwitwete Mutter heiratet bald den Blumenmaler und Kunsthändler Jacob Marrell (1614-1681) in zweiter Ehe. Er ist es auch, der Maria Sibylla zu fördern beginnt und ihr Talent unterstützt. Von Berufs wegen ist er selbst nicht oft vor Ort, aber das Mädchen kann einiges von Marrells begabten Schülern, Abraham Mignon (1640-1679) und Johann Andreas Graff (1636-1701), lernen.

Schon mit 13 Jahren entdeckt Maria Sibylla, wie Raupen sich verpuppen und in Schmetterlinge verwandeln. Später wird sie über diese Zeit schreiben: „Ich habe mich von Jugend an mit der Erforschung der Insekten beschäftigt. Zunächst begann ich mit Seidenraupen in meiner Geburtsstadt Frankfurt am Main. Danach stellte ich fest, dass sich aus anderen Raupenarten viel schönere Tag- und Eulenfalter entwickelten als aus Seidenraupen. Das veranlasste mich, alle Raupenarten zu sammeln, die ich finden konnte, um ihre Verwandlung zu beobachten. Ich entzog mich deshalb aller menschlichen Gesellschaft und beschäftigte mich mit diesen Untersuchungen." Ein Leben lang ist sie fasziniert von diesem geheimnisvollen Wunder, das Fachleute als Metamorphose bezeichnen und das sie später gekonnt in Kupferstichen festhalten wird. Forschergeist paart sich bei Maria Sibylla schon früh mit einer tiefen Demut vor Gottes Schöpfung.

Im Mai 1665 heiraten Maria Sibylla Merian und Johann Andreas Graff (1636-1701), drei Jahre später wird die älteste Tochter, Johanna Helena, geboren. Und nun kommt auch Nürnberg ins Spiel, die Heimatstadt von Johann Andreas Graff, der hier das stattliche Fachwerkhaus „Zur Goldenen Sonne" besitzt. 1668 übersiedelt die kleine Familie dorthin. Maria Sibylla ist berufstätig und trägt damit zum Familieneinkommen bei. Sie stickt und bemalt Tafeltücher, findet im Handel mit Farben und Malutensilien eine weitere Absatzquelle und unterrichtet außerdem junge Nürnbergerinnen in Blumenmalerei und Stickerei. Für „Kunst- und Naturliebende", aber auch als Unterrichtsmaterial für ihre „Jungfern-Companie", erstellt sie drei Serien von Kupferstichen, die so erfolgreich sind, dass sie 1680 als *Neues Blumenbuch* in zweiter Auflage erscheinen. Ihr Gatte unterstützt ihre Begeisterung, er editiert ihre Werke. Eine zweite Tochter, Dorothea Maria, wird 1678 geboren.

„Völlig neuartig sind ihre beiden Raupenbücher von 1679 und

1683, die ihren bis heute andauernden Ruhm als Naturforscherin und Sachbuchautorin begründen", sagt Margot Lölhöffel. 102 Kupferstiche zeigen die Metamorphose ihrer geliebten Sommer-Vögelein (Tagfalter) und Motten-Vögelein (Nachtfalter) sowie vieler anderer Insekten. „Solche künstlerisch anspruchsvollen Kupferstiche in absoluter Präzision, jeweils ergänzt durch ausführliche Beschreibungen, hat noch niemand zuvor geschaffen", unterstreicht die Sozialwissenschaftlerin und findet: „Die Merianin gilt zu Recht als ‚erste Ökologin‘."

Die 14 Nürnberger Jahre sind für die Merianin eine sehr wichtige, produktive Zeit als verheiratete „Frau Gräffin". In jenen Jahren hält sie sich viel in ihrem Garten auf. Dass sie ihn bekommen hat, war ein Glücksfall: „Damals war der Großonkel einer ihrer Schülerinnen einer der höchsten Ratsvertreter und für die Verwaltung der Kaiserburg zuständig. Er stellte ihr und ihrer jungen Familie diesen Garten zur Verfügung", weiß Margot Lölhöffel.

Doch diese schöne Zeit endet jäh, als ihr Stiefvater Marrell stirbt.

Margot Lolhöffel im Garten der Maria Sibylla Merian.

Nun muss Maria Sibylla mit ihrem Mann und ihren Töchtern nach Frankfurt zurückkehren, um die gealterte, verarmte Mutter zu unterstützen. Wahrscheinlich Anfang 1686 übersiedelt sie mit der alten Mutter auf das Schloss Walta-State bei Wieuwerd im niederländischen Friesland. Das Schloss ist Sitz einer frühpietistischen Sekte, der Labadisten, Graff wird nicht akzeptiert. Maria Sibylla trennt sich nach 20 Ehejahren für immer von ihm. Sie setzt ihre Naturstudien fort und beginnt die Arbeit an ihrem *Studienbuch*.

Sieben Jahre später wird die Ehe mit Johann Andreas Graff per Beschluss des Rats der Stadt Nürnberg geschieden. Bei der Scheidung hat Maria Sibylla das Schloss bereits verlassen und ist mit ihren Töchtern – die Mutter und der Stiefbruder sind mittlerweile verstorben – in die damalige Weltstadt Amsterdam gezogen. „Sie war bereits eine durchaus anerkannte Naturforscherin", ordnet Margot Lölhöffel ein. „Man kannte ihren Namen, und das eröffnete ihr in Amsterdam sowohl Zugang zu den einflussreichen Bürgern der Stadt als auch zu deren Gewächshäusern und Naturalienkabinetten."

„Man kannte ihren Namen, und das eröffnete ihr in Amsterdam sowohl Zugang zu den einflussreichen Bürgern der Stadt als auch zu deren Gewächshäusern und Naturalienkabinetten."

Maria Sibylla Merian hat einen großen Traum: Ins südamerikanische Surinam möchte sie reisen, um ihre Forschungen in dem heißen, feuchten Land fortzusetzen, in dem die Natur nur so explodieren muss. Um genügend Geld zusammenzubekommen, verkauft sie einen großen Teil ihrer Sammlungen. Im Juni 1699 geht sie mit Dorothea Maria, der jüngeren ihrer beiden Töchter, an Bord des Handelsschiffes, das sie in drei Monaten nach Surinam bringen soll. Im Vorwort ihres Werks *Metamorphosis insectorum Surinamensium*, das ihren weltweiten Ruhm begründen wird, schreibt sie: „In Holland sah ich jedoch voller Verwunderung, was für schöne Tiere man aus Ost- und West-Indien kommen ließ. […] In jenen Sammlungen habe ich diese und zahllose andere Insekten gefunden, aber so, dass dort ihr Ursprung und ihre Fortpflanzung fehlten, das heißt, wie sie sich aus Raupen in Puppen und so weiter verwandeln. Das alles hat mich dazu angeregt, eine große und teure Reise zu unternehmen und nach Surinam zu fahren […], um dort meine Beobachtungen fortzusetzen."

Gemeinsam mit ihrer Tochter erforscht sie die Urwälder, beobachtet, sammelt, zeichnet, benennt, ordnet ein, hält Käfer, Raupen und Schmetterlinge auf Pergament für die Nachwelt fest. Außerdem präparieren Mutter und Tochter Frösche, Spinnen und Krokodile, indem sie sie in Alkohol einlegen. Zwei Jahre bleiben die beiden Frauen in Surinam, dann erkrankt Maria Sibylla heftig an Malaria. 54 Jahre ist sie alt, als sie mit ihrer Tochter zurück nach Amsterdam reist.

Es ist trotz der Krankheit eine ertragreiche Reise: 1705 erscheint auf der Grundlage ihrer in Surinam entstandenen Zeichnungen und Aquarelle ihr Hauptwerk *Metamorphosis insectorum Surinamensium*. Das Buch hat sie sich viel kosten lassen, die berühmtesten Kupferstecher beauftragt, das teuerste Papier gewählt. „Bei der Herstellung dieses Werkes bin ich nicht gewinnsüchtig gewesen, sondern wollte mich damit begnügen, wenn ich meine Unkosten zurückbekomme", schreibt sie.

Vielleicht liegt es auch daran, dass sie, obwohl nun ausgesprochen berühmt, nicht von ihren Büchern leben kann. Sie aquarelliert zusammen mit ihren Töchtern viele Kupferstiche aus ihrem neuen Buch und verkauft auch das eine oder andere Tier- und Pflanzenpräparat aus ihrer Sammlung. Sogar die Raupenbücher aus Nürnberg finden weiterhin Abnehmer. Dennoch ist sie zahlreichen Quellen zufolge verarmt, als sie 1715 einen Schlaganfall erleidet und die beiden letzten Jahre ihres Lebens im Rollstuhl verbringen muss. „Ob sie wirklich verarmt war, wird heute von ernstzunehmenden Forscherinnen bestritten", sagt Margot Lölhöffel. Wie auch immer: Dass sie einmal ausgerechnet den 500-DM-Schein zieren wird, hätte sich Maria Sibylla Merian vermutlich nicht träumen lassen.

Eva-Maria Bast

....

Erinnerungsorte:

Das Haus, in dem Maria Sibylla Merian ihre Kindheit verbrachte, steht in der Bergstraße 10.
Ihr Garten befindet sich neben dem Turm der Kaiserkapelle, er ist hinter dem Gartentor gegenüber dem „Tiefen Brunnen" verborgen.

Charitas Pirck=heimerin
Äptissin inst: Claren Closter.
in Nürnberg. Obijt 1532.

KÄMPFERIN FÜR DEN GLAUBEN
Frühe Gewährsfrau der Ökumene

*E*s wäre „uns lieber und nützlicher, Ihr schicket einen Henker in unser Kloster, der uns allen die Köpfe abschlüge, als dass Ihr uns einen vollen, trunkenen, unkeuschen Pfaffen zuschickt. Man nötigt keinen Dienstboten, noch einen Bettler, dass er beichten muss, wo seine Herrschaft will. Wir wären ärmer als arm, sollten wir denen beichten, die selber keinen Glauben an die Beichte haben [...]."

Caritas Pirckheimer, Äbtissin des Klaraklosters im Herzen des mittelalterlichen Nürnberg, schreibt diese dramatischen Zeilen in den Wirren der Reformation. Die große Gelehrte ist in der Reichsstadt eine standhafte Wortführerin der Gegner der Lutherischen. Die obigen Zeilen mögen dagegensprechen, doch Caritas ist noch in den härtesten Auseinandersetzungen mit dem Nürnberger Rat oder mit Vertretern der Reformation eine Garantin des fairen, sachlichen Dialogs. Die Freiheit des Gewissens und der Verzicht auf Gewalt haben für sie oberste Priorität. Manche sehen sie deshalb heute im Rückblick als Gewährsfrau der Ökumene, lange bevor diese überhaupt in den Kirchen ein Thema war.

Als 1525 die Reformation in Nürnberg Einzug hält, überbringen im März zwei Ratsherren den Schwestern die Nachricht, dass es den bisherigen Beichtvätern der Franziskaner nicht länger gestattet sei, im Klarakloster ihre Ämter auszuüben. „Caritas lehnt es aber ab, irgendwelche Pfarrer vorgeschrieben zu bekommen, die in ihrem Kloster die Beichte abnehmen und das Abendmahl mit den Schwestern feiern", sagt die Chefdramaturgin des Nürnberger Staatstheaters, Brigitte Ostermann. „Sie beruft sich auf die direkte Beziehung zu

Caritas Pirckheimer erlebte die Wirren der Reformation als Äbtissin des Klaraklosters.

Gott, für sie ist die Freiheit in Glaubensdingen das Wichtigste. Sie führt eine hochreflektierte theologische Debatte, die interessanter Weise in einigen Punkten stark an reformatorische Sichtweisen erinnert." Diese aufrechte Haltung verlangt der stellvertretenden Schauspieldirektorin, die evangelische Theologie studiert hat und in einem Pfarrhaushalt aufwuchs, höchsten Respekt ab.

Die freie Reichsstadt Nürnberg ist eine der ersten, die sich im 16. Jahrhundert zu den Lehren Martin Luthers (1483-1546) bekennt. Caritas ist für den Glaubensstreit bestens gerüstet durch ihre profunde humanistische Bildung. Als Barbara Pirckheimer kommt sie 1467 in Eichstätt zur Welt. Ihr Vater Hans Pirckheimer (um 1440-1501) hat in Italien Jura studiert und in Padua

„Sie führt eine hochreflektierte theologische Debatte, die interessanter Weise in einigen Punkten stark an reformatorische Sichtweisen erinnert."

promoviert. Wie seine Ehefrau Barbara, geborene Löffelholz, stammt er aus einer reichen Nürnberger Patrizierfamilie. In Eichstätt arbeitet er als Berater des Bischofs Wilhelm von Reichenau (1426-1496), dieser ist ein ehemaliger Studienkollege aus Padua. Als überzeugtem Humanisten liegt Caritas' Vater die Bildung seiner zwölf Kinder sehr am Herzen. Wobei er zwischen Töchtern und Söhnen keine Unterschiede macht – auch hierin mag die spätere Überzeugung seiner ältesten Tochter Barbara begründet sein, dass die Geschlechter gleichberechtigt sind. Ihr Leben lang wird sie die Meinung vertreten, dass Frauen und Männer prinzipiell gleichwertig und durch die Schöpfung mit derselben Würde ausgestattet sind.

Barbara ist sieben Jahre alt, als ihre Eltern sie nach Nürnberg zu ihrem Großvater Hans Pirckheimer schicken. In dessen Haus am Hauptmarkt wird sie von ihrer Großtante Katarina unterrichtet. Deren Gelehrsamkeit und auch naturwissenschaftliches Wissen ist stadtbekannt. Und die kleine Barbara entwickelt unter ihrer Obhut ihren großen Wissensdrang weiter zu einer Leidenschaft für lebenslanges Lernen.

Orte der größten Gelehrsamkeit sind im Mittelalter die Klöster. Für Frauen ist ein Leben hinter Klostermauern die einzige Möglichkeit, Latein zu lernen und die Autoren der klassischen Antike zu stu-

dieren. Auch die vier Lateinschulen in Nürnberg sind den Patrizier-
söhnen vorbehalten. Im Alter von zwölf Jahren wird Barbara der
Schule des Nürnberger Klaraklosters anvertraut. Und sie erlernt so
schnell die lateinische Sprache, dass die Äbtissin Margarete Grundherr
1481 in ihren Notizen festhält, wie perfekt die gelehrige Schülerin nach
kaum zwei Jahren Lateinstudium mit dem franziskanischen General-
vikar zu parlieren vermag.

Ob Barbara mit 16 oder 18 Jahren den
Schleier nimmt, ist unklar. Jedenfalls trägt
die junge Novizin von nun an im Klarissenkonvent den Ordensnamen Caritas. Übersetzt bedeutet dieser: die barmherzige
Liebe. Und Caritas Pirckheimer wird sich
ihr Leben lang an dem Ziel abarbeiten, all
ihr Handeln der Liebe unterzuordnen.

Wie gut ihr dies trotz aller Selbstkritik
gelingt, zeigt auch die Tatsache, dass die
Schwestern des Klaraklosters, in dem sie
zunächst die Mädchenschule leitet und
1503 mit 36 Jahren einmütig zur Äbtissin
gewählt wird, sie wegen ihrer herzlichen
Führung lieben wie eine Mutter. „Bei Caritas gehen Intellekt und soziale Fähigkeiten
auf faszinierende Weise zusammen", sagt
Brigitte Ostermann. „Sie ist hochgebildet
und zugleich unglaublich empathisch. Sie
führt das Kloster auf eine sehr menschliche
Weise."

*Brigitte Ostermann in der
Nürnberger Königstraße, in der einst
das Klarakloster stand.*

Die Chorschwestern führen im Klarakloster ein Leben in Armut, Keuschheit
und Gehorsam. Zugleich sind sie gegen-
über den Wissenschaften sehr aufgeschlossen. Auch die Franziskaner,
die Seelsorger des Konvents, fördern den Wissensdrang der Schwestern – so dass Caritas Pirckheimers humanistische Grundhaltung
nicht nur geduldet, sondern gefördert wird. „Sie ist keine reine Intellektuelle, die mit Vernunft und wirtschaftlichem Sachverstand das

Kloster führt und dessen Interessen beim Rat der Stadt vertritt, ihre Spiritualität ist von den Lehren der Mystik geprägt, die den direkten Dialog mit Gott sucht", so die Nürnberger Chefdramaturgin. Für Brigitte Ostermann ist die weltliche Übersetzung dieser Frömmigkeit eine Form des emotionalen Aufgehobenseins: „Caritas ist sehr bei sich und kann sich als ganzer Mensch in Beziehung setzen zur Welt", was ihr große Bewunderung abverlange.

Die Steintafel erinnert im Innenhof hinter der Klarakirche an die Äbtissin.

St. Klara erlebt unter Caritas Pirckheimers Führung eine Blütezeit. Geschickt leitet sie die zahlreichen Baumaßnahmen. Und die handwerklichen Fähigkeiten der Schwestern werden so hoch geschätzt, dass dem Klarakloster die Restaurierung des schadhaften Ornats, das man für die Krönung Kaiser Karls V. im Jahr 1520 benötigt, anvertraut wird.

Kontakt zur Außenwelt hat Caritas wie alle 60 Schwestern nur über das mit Tüchern verhüllte Redefenster im Pfortenhaus. Doch die gelehrte Äbtissin pflegt einen regen schriftlichen Austausch mit den führenden Köpfen ihrer Zeit. Mit Sixtus Tucher (1459-1507), dem Probst von St. Lorenz und einer zentralen Figur des humanistischen Zirkels in Nürnberg, verbindet sie eine Seelenverwandtschaft. „Mit dem Humanismus ist die Überzeugung verbunden, dass es zum Menschsein dazugehört, selbstständig zu denken und sich immer wieder in gedankliche und historische Kontexte einzuordnen", sagt Ostermann. „Diese Form des Individualismus, der sich immer auf die Gemeinschaft bezieht, ist ein großer Wert, bis heute!"

Für den Dichter Konrad Celtis (1459-1508) ist Caritas Pirckheimer „aller Frauen seltener Stern und Krone". Auch mit dem Nürnberger Malergenie Albrecht Dürer (1471-1528) pflegt sie einen schriftlichen Gedankenaustausch. Der große Gelehrte Erasmus von Rotterdam (1466-1536) preist ihre Belesenheit.

Der Kontakt zu Letzterem kommt über ihren Bruder Willibald Pirckheimer zustande. In dessen Haus am Hauptmarkt verkehren viele bedeutende Humanisten, Willibald bietet aber auch Martin Luther auf der Durchreise eine Unterkunft. Wie viele Humanisten steht Caritas' Bruder der Reformation nahe. Doch als sich Nürnberg 1525 nach Religionsgesprächen früh zur Reformation bekennt und es darum geht, seine Schwester in ihrem Kampf um den Erhalt von St. Klara zu unterstützen, steht er fest an ihrer Seite. Als das Kloster immer stärker unter Druck gerät, Familien mit Gewalt ihre Töchter herausholen und der Rat der Stadt immer massiver auf die Schließung drängt, bittet Willibald Luthers rechte Hand Philipp Melanchthon (1497-1560) um Vermittlung.

Tatsächlich reist Melanchthon im November 1525 aus Wittenberg an. Er will seine Pläne für eine neue Oberschule in Nürnberg vorantreiben. Doch der 28-Jährige ist auch bereit, sich mit der 58-jährigen katholischen Ordensfrau, die unter der Spaltung der Kirche geradezu physisch leidet, im Beichthaus von St. Klara zu treffen. Und Melanchthon hat im Unterschied zum Rat der Reichsstadt für Caritas ein offenes Ohr. Denn über alle Unterschiede hinweg verbindet beide die Ablehnung von Zwang und Gewalt in Glaubensfragen. Auch wenn sie sich über die Bedeutung der Ordensgelübde nicht einigen können, trennen sich Caritas und Philipp Melanchthon mit großem gegenseitigen Respekt. Er sei in Freundschaft gegangen, schreibt sie in ihren *Denkwürdigkeiten*, einer Art Tagebuch, das sie seit 1524 führt. Melanchthon macht dem Nürnberger Rat klar, dass es nicht im Sinne der Reformation ist, Kloster zu zerstören.

Und die Oberen der Reichsstadt lassen Caritas und ihre Schwestern fortan in Ruhe. „Caritas setzt sehr klare Grenzen und schafft es, dass St. Klara als einziges Kloster in Nürnberg im Zuge der Reformation nicht geschlossen wird", fasst Ostermann die Ereignisse von 1525 zusammen. „Sie überschätzt sich aber nie und weiß genau,

> *„Caritas setzt sehr klare Grenzen und schafft es, dass St. Klara als einziges Kloster in Nürnberg im Zuge der Reformation nicht geschlossen wird."*

was sie erreichen kann und was nicht. Sie argumentiert sachlich und niemals verletzend." Novizinnen darf das Klarakloster nach 1525 aber keine mehr aufnehmen, im Jahr 1596 schließt es für immer seine Türen. Ihr 25-jähriges Äbtissinnen-Jubiläum feiert Caritas 1529 trotz allem sehr ausgelassen: Es gibt Wein, die Schwestern tanzen fröhlich und Caritas schlägt das Hackbrett dazu. Drei Jahre später stirbt Caritas Pirckheimer in St. Klara.

„Ihr Leben zeigt beispielhaft, wie eng die Grenzen damals insbesondere für intellektuelle Frauen gesteckt waren", sagt Brigitte Ostermann. Es sei wichtig, sich dies vor Augen zu führen, auch um vor dem historischen Kontext zu hinterfragen, an welche Grenzen Frauen heute noch stoßen. „Es ist schade, dass Caritas nicht noch viel mehr bewegen konnte, als sie es ohnehin schon tat."

Ute Möller

....

Erinnerungsorte:

Caritas Pirckheimer wird 1532 beim Kapelleneingang auf der Westseite der Klarakirche beigesetzt, doch ihr Grab gerät in Vergessenheit. Am 16. März 1945 wird die Kirche in der Nürnberger Königstraße von Bomben schwer getroffen, beim anschließenden Wiederaufbau findet sich 1959 die Grabplatte der Caritas. Am 14. April 1960 werden ihre Gebeine in einer Gruft in der Klarakirche beigesetzt. Die Grabplatte befindet sich heute beim rechten Nebenaltar. Ein Gedenkstein in der Königstraße 70 / Ecke Luitpoldstraße erinnert an die Äbtissin. Und das Caritas-Pirckheimer-Haus, ursprünglich eine Gründung des Jesuitenordens, setzt an der Stelle des früheren Klosters in seiner Jugend- und Erwachsenenarbeit ganz praktisch die Grundsätze seiner Namensgeberin um.

Eine Meisterin im Speerwurf: Ingeborg Bausenwein.

LEBEN FÜR DEN SPORT

„Beseelt von dem, was sie getan hat"

J eder, findet die Gleichstellungsbeauftragte der Stadt Nürnberg Christine Burmann, kenne die Namen der Spieler der Nationalmannschaft bis in die 1980er-Jahre zurück auswendig. Aber bis auf wenige Ausnahmen, wie zum Beispiel Steffi Graf, würden Frauen kaum je mit Höchstleistungen im Sportbereich assoziiert. Dabei gebe es ungemein spannende Sportlerinnen, zum Beispiel die Nürnbergerin Dr. Ingeborg Bausenwein, die mehrfach Rekorde im Speerwurf erzielte.

Ingeborg Bausenwein wird als Tochter des Juristen und Verwaltungsbeamten, seit 1925 Nürnberger Stadtrat, Robert Plank (1889-1949) geboren. Ihre Leidenschaft für den Sport entdeckt sie schon sehr früh, ab 1939 ist sie Mitglied im 1. FC

Nürnberg. Nach ihrem Abitur studiert sie Sport, Geschichte und Geographie, 1943 legt sie ihr Examen ab und unterrichtet an einem Mädchengymnasium. Im selben Jahr läuten die Hochzeitsglocken: Ingeborg heiratet den Freund ihres Bruders, einen Major der Deutschen Wehrmacht namens Wolf – und erfährt ein Schicksal, das sie mit vielen jungen Frauen in jenen Jahren teilen wird: Drei Wochen nach der Hochzeit fällt ihr Mann, Seite an Seite mit ihrem Bruder, bei Stalingrad. „Direkt nach dem Tod ihres Mannes begann Ingeborg ein weiteres Studium – diesmal Medizin – in Erlangen, das sie 1950 mit der Note sehr gut abschloss", erzählt Christine Burmann weiter.

Seit ihrer Jugend ist Ingeborg ausgesprochen sportlich. Sie fährt Ski, schwimmt und nimmt an verschiedenen Wettbewerben teil. „Aber ihre Paradedisziplin war der Speerwurf", unterstreicht Christine Burmann. „Gleich mehrfach, 1941, 43, 47, 48 und 49 wurde sie Deutsche Meisterin und 1948 die weltbeste Speerwerferin." In diesem Jahr finden auch die Olympischen Spiele in London statt. „Durch den Zweiten Weltkrieg war ihr eine Teilnahme als Deutsche nicht erlaubt. Aber wenn sie teilgenommen hätte, hätte sie theoretisch aufgrund der Weltjahresbestleistung, die sie geworfen hat, die Chance gehabt, eine Olympische Medaille zu gewinnen."

Später jedoch, 1952, darf sie in Helsinki teilnehmen, und in den Jahren 1960, 1964 und 1972 ist sie als Ärztin bei der Olympiade dabei und betreut das Frauenteam im Speerwurf. Hauptberuflich arbeitet Dr. Ingeborg Bausenwein in jenen Jahren als Sportärztin an der Deutschen Sporthochschule in Köln und anschließend, ab 1957, wieder in Nürnberg als Jugend- und Sportärztin im Gesundheitsamt der Stadt. Da ist sie bereits in zweiter Ehe verheiratet, 1950 hat sie der Liebe nochmal eine Chance gegeben und den Neurologen Dr. Jörg Bausen-

Christine Burmann hat Platz genommen und trägt stolz den Schal des 1. FC Nürnberg, für den Dr. Ingeborg Bausenwein lange Zeit angetreten ist.

wein geehelicht. Mit ihm bekommt sie in den 50er-Jahren zwei Söhne und eine Tochter.

In den 1970er-Jahren widmet sie dem Sport von Menschen mit Behinderung ganz besondere Aufmerksamkeit. „Dabei ging es ihr sowohl um Integration durch Sport als auch um die positiven Auswirkungen von Sport auf physische und geistige Erkrankungen", sagt Christine Burmann. Dr. Ingeborg Bausenwein publiziert zu diesem Thema viel und bemüht sich, Fördergelder für die Forschung zu sammeln. Das Ehrenamt lässt sie dabei nicht zu kurz kommen: Sie ist Mitglied im Vorstand des Frauensports beim Deutschen Sportärztebund, im Präsidium des Deutschen Sportbunds und im nationalen Deutschen Olympiakomitee.

„Sie hat ihr ganzes Leben den Fragen des Sports gewidmet und sich dabei vor allem um Frauen, Jugendliche und Menschen mit Behinderungen gekümmert", fasst Christine Burmann zusammen. Besonders setzte sie sich dafür ein, dass auch Frauen Kraftsport betreiben, obwohl das lange Zeit nicht sonderlich angesehen war, man hat befürchtet, dass es dadurch zu einer Vermännlichung der Frauen kommen würde."

Für ihre Verdienste wird Ingeborg Bausenwein mehrfach ausgezeichnet: 1985 erhält sie die goldene Ehrennadel des Deutschen Sportärztebundes, und im Alter von 80 Jahren würdigt der Deutsche Sportbund ihren lebenslangen Einsatz mit einer erneuten Auszeichnung. „1980 hat sie auch das Bundesverdienstkreuz am Bande für ihr Engagement erhalten." Christine Burmann sagt: „Dr. Ingeborg Bausenwein war bis ins hohe Alter athletisch und dynamisch. Und auch ein wenig beseelt von dem, was sie da getan hat."

Eva-Maria Bast

....

Erinnerungsort:

Das Max-Morlok-Stadion, Frankenstadion 1, ist ein Ort, an dem sich diese begeisterte Sportlerin oft aufhielt.

DIE HAUSFRAU IM BLICK
Engagement für Frauenthemen

*S*ie war Unternehmerin, propagierte aber auch den „Hausfrauenberuf": Rosine Speicher hat als Verlegerin der *Frauenwelt* eine der ersten Frauenzeitschriften der Nachkriegszeit auf den Markt gebracht. Bis zu 50.000 Leserinnen erreichte sie mit ihren Beiträgen. Dennoch geriet das Wirken der Frauenrechtlerin über die Jahrzehnte hinweg in Vergessenheit. Mittlerweile erinnert immerhin eine Straße in Katzwang an die ehemalige Vorsitzende des Hausfrauenbundes.

Streng sieht sie aus mit ihrer dunklen Brille und ihren zum Dutt frisierten Haaren. „Ich kann mir vorstellen, dass sie sehr resolut war", sagt Wiltrud Fischer-Pache, stellvertretende Leiterin des Stadtarchivs. Die Historikerin ist beeindruckt von dem ungewöhnlichen Lebensweg Rosine Speichers, die aufgrund ihrer politischen Überzeugungen mehrfach verhaftet wurde.

Rosine wird am 4. März 1884 in Eschenbach als Tochter des Schlossermeisters Josef Hafner und seiner Ehefrau Walburga geboren. Dort wächst sie auch auf, besucht acht Jahre lang die Volksschule und bildet sich anschließend in München privat weiter. Vermutlich habe sie dort Kurse in Hauswirtschaft besucht, sagt Wiltrud Fischer-Pache. Die Vorbereitung auf die Rolle als Hausfrau und Mutter steht damals schließlich für die meisten Frauen im Vordergrund. Auch Rosine geht diesen Weg, 1904 heiratet sie den Beamten Philipp Johann Speicher, 1905 kommt der gemeinsame Sohn Philipp auf die Welt. 1914 zieht die Familie nach Ludwigshafen am Rhein um, wo die junge Frau zunächst ihr bürgerliches Leben fortsetzt.

Doch die revolutionären Umbrüche in den Jahren 1918

Rosine Speicher setzte sich für die Belange der Hausfrauen ein.

und 1919 gehen auch an Rosine Speicher nicht spurlos vorbei. Sie tritt in die SPD ein und kämpft gemeinsam mit ihren Genossen für die Einberufung einer Nationalversammlung, um zu verhindern, dass Deutschland im Chaos versinkt. Vorübergehend gehört sie sogar dem Ludwigshafener Stadtrat an, doch mit ihrer konservativen Grundhaltung fühlt sie sich auf Dauer in der SPD nicht wohl und legt ihr Mandat nach nur acht Monaten nieder. 1921 wird Nürnberg zur neuen Heimat der Familie, wo ihr Mann als Eisenbahnobersekretär arbeitet.

Wiltrud Fischer-Pache wünscht sich, dass Rosine Speichers Engagement stärker gewürdigt wird.

Hier entdeckt Rosine ihr publizistisches Talent, sie fängt an, für verschiedene Tageszeitungen zu schreiben.

Mit dem Engagement für den 1916 von Elise Hopf gegründeten „Nürnberger Hausfrauenbund" findet sie ihr Lebensthema. 1924 tritt sie der Organisation bei und rückt schnell zur ersten Vorsitzenden auf. 1928 gründet sie die *Nürnberger Hausfrauenzeitung*, um ein Forum für ihre Thesen zu haben. Denn für Rosine Speicher ist die Hausfrau nicht nur diejenige, die die Familie versorgt, sie hat auch eine gesellschaftliche Verantwortung. Mit dem Engagement im Hausfrauenbund will Rosine diese Rolle stärken, gleichzeitig aber auch praktische Tipps zur Bewältigung des Hausfrauenalltags geben. Die Zeitschrift ist in ihren Augen das ideale Forum dafür.

Doch Rosine ist auch politisch aktiv, wie der Historiker Steven M. Zahlaus betont, der sich ausführlich mit dem Wirken der Frauenrechtlerin beschäftigt hat. Vehement tritt sie für die republikanische Staatsordnung ein, auch nach der Machtergreifung durch die Nationalsozialisten bezieht sie deutlich Stellung gegen deren Politik und gegen die Judenverfolgung. So prangert sie in ihren Artikeln unter anderem „die sittliche Verderbtheit der Jugend durch den *Stürmer*" an. 1937 wird die *Hausfrauenzeitung* deshalb verboten und ihre Herausgeberin insgesamt sechs Mal verhaftet. 1937 muss Rosine sechs Wochen im Frauenkonzentrationslager Moringen verbringen, anschließend erhält sie ein Aufenthaltsverbot für den Gau Franken. Rosine geht deshalb nach Wien, wo sie als Versicherungsinspektorin bei der Österreichischen Versicherungsanstalt arbeitet.

Zurück in Nürnberg, setzt sie nach dem Zweiten Weltkrieg ihr Engagement fort, treibt den Wiederaufbau des Nürnberger Hausfrauenbundes voran, dessen Vorsitzende sie 1950 wird, und ruft eine neue Zeitschrift ins Leben. Im Dezember 1945 erhält die *Frauenwelt* als erste Frauenzeitschrift in der US-amerikanischen Besatzungszone eine Lizenz. Deren Titelbilder bedienen auf den ersten Blick das klassische Frauenmodell: Eine junge Mutter mit Baby im Arm ist auf einem der Cover der *Frauenwelt* zu sehen, ein anderes zeigt eine Blondine, die an blühenden Zweigen schnuppert, ein weiteres ein Zelt samt Campingtisch, an dem eine Frau ihre Lieben mit Kaffee versorgt. Doch zu sehen sind auch Frauen im Laborkittel und in Zimmermannskluft, die „hoch hinaus wollen", wie die dazugehörige Schlagzeile verrät – ein Zeichen, dass die *Frauenwelt* in den 1950er-Jahren ein durchaus vielschichtiges Bild der weiblichen Bevölkerung zeichnet.

Sowohl der Hausfrauenbund als auch die *Frauenwelt* haben ein breites Themenspektrum auf ihrer Agenda. Es geht um Verbraucherschutz und um Konsumentenberatung, außerdem setzt sich Rosine Speicher für die Ehrung verdienter Hausangestellter ein, die es damals noch in etlichen Familien gibt. Auch die hauswirtschaftliche Ausbildung junger Mädchen ist der Vereinsvorsitzenden und Verlegerin wichtig, sie sollen schließlich auf ihre spätere Rolle als Hausfrau und Mutter vorbereitet werden. Die Fixierung auf die Hausfrauenrolle mutet aus heutiger Sicht zwar konservativ an, doch Rosine Speicher sieht darin nichts Rückwärtsgewandtes. Aus ihrer Sicht sind Hausfrauen und Mütter die eigentlichen Trägerinnen von Familie und Gesellschaft, ihre soziale Rolle soll deshalb gefördert und gestärkt werden. Auch an der Gründung des Deutschen Hausfrauenbundes ist die Nürnbergerin deshalb beteiligt.

Als Verlegerin nutzt sie ihre Zeitschrift zudem für die Verbreitung ihrer Thesen. Die *Frauenwelt* wird bundesweit verkauft und erscheint zunächst in einer Auflage von 23.000 Exemplaren. 1948, drei Jahre nach der Gründung, sind es mit 50.000 Heften schon mehr als doppelt so viel. Modethemen finden im Blatt eher am Rande statt – die Herausgeberin will ihre Leserinnen für politische Fragen begeistern und sie stärker am öffentlichen Leben teilhaben lassen. Es gehe darum, dem „Schaffen und Wirken" der Frau in allen Belangen gerecht zu werden, betont Rosine. In ihren Texten setzt sie sich für eine umfassende Gleichberechtigung ein. Diese ist zwar damals schon im Grundgesetz verankert, doch es dauert noch Jahre, bis auch die weiteren Rechtsvorschriften dem Rechnung tragen. Erst 1957 wird zum Beispiel der sogenannte Gehorsamsparagraph aus dem Bürgerlichen Gesetzbuch gestrichen. Er gestand dem Mann die Entscheidung über sämtliche das Eheleben betreffenden Fragen zu.

Einer Berufstätigkeit der Frau steht Rosine Speicher nur deshalb skeptisch gegenüber, weil sie befürchtet, dass diese dann der aus ihrer Sicht so wichtigen Hausfrauenrolle nicht mehr gerecht werden kann. Hier ist sie ihrer Zeit in gewisser Weise sogar voraus, denn sie warnt früh vor einer Doppelbelastung. Schon Mitte der 1950er-Jahre beklagt sie, dass sich die Frauen mit ihrer zunehmenden Berufstätigkeit „die Welt des Mannes überstülpen ließen, die Welt der Betriebsamkeit, der Unruhe, des Unfriedens, des Gestaltungsstrebens".

Dennoch hält sie eine berufliche Ausbildung aller Frauen für notwendig, sie sollen unabhängig sein und für sich selbst sorgen können, wenn das nötig ist. Und das ist es in der Nachkriegszeit oft, denn viele Frauen sind verwitwet oder bleiben aufgrund des kriegsbedingten Frauenüberschusses ledig. An der Bedeutung, die Rosine der Hausfrauenrolle zumisst, ändert das nichts, obwohl sie selbst als berufstätige Verlegerin so gar nicht in das von ihr propagierte Frauenbild passt.

„Sie war eine sehr widersprüchliche Person, doch ich finde sie sehr beeindruckend, weil ihr Lebenslauf so untpypisch war."

„Sie war eine sehr widersprüchliche Person", sagt die Historikerin Wiltrud Fischer-Pache, „doch ich finde sie sehr beeindruckend, weil ihr Lebenslauf so untypisch war."

74

Im Wirtschaftswunderland findet die *Frauenwelt* mit ihren anspruchsvollen Texten in der zweiten Hälfte der 1950er-Jahre immer weniger ein Publikum. 1960 wird das Heft eingestellt. Die Mehrheit der Leserinnen habe sich offenbar nach Ablenkung und einfacher Unterhaltung gesehnt, um sich vom anstrengenden Alltag zu erholen, vermutet der Historiker Steven M. Zahlaus. Mit ihrer Zeitschrift gerät auch die Gründerin in Vergessenheit. Bis 1962 bleibt sie Vorsitzende des Nürnberger Hausfrauenbundes, 1964 wird sie dessen Ehrenvorsitzende. Am 2. Februar 1967 stirbt Rosine Speicher in einem Seniorenstift in Erlangen.

Dass ihre Rolle innerhalb der Frauenbewegung so wenig gewürdigt wird, ist aus der Sicht von Wiltrud Fischer-Pache ein Versäumnis. „Sie war eine Vorkämpferin für die Gleichberechtigung", betont die Expertin. „Und sie ist immer unbeirrt ihren Weg gegangen." Drei Jahre vor ihrem Tod soll Rosine mit dem Bundesverdienstkreuz am Bande geehrt

> *„Und sie ist immer unbeirrt ihren Weg gegangen."*

werden. Sie lehnt ab, weil ihr an so einer öffentlichen „Halbwegs-Anerkennung" nichts liegt. Auch darin bleibt sie konsequent.

Silke Roennefahrt

....

Erinnerungsorte:

Die Rosine-Speicher-Straße in Katzwang. In der Pirckheimer Straße 30 befand sich der Verlag der Frauenwelt.

DIE FRAU AN SEINER SEITE
Albrecht Dürers große Liebe

*K*unsthändlerin der Frühen Neuzeit, aufopferungsvolle Ehefrau, Handelsreisende, vielleicht sogar Druckerin. Aber in Literatur und Quellen oft nicht bewundert, sondern als „zänkische Frau" hingestellt, wie es die Nürnbergerin Gabi Stauß ausdrückt. Sie hat sich viel mit der Ehefrau des berühmten Malers Albrecht Dürer (1471-1528) befasst und bilanziert: „Man tut Agnes Dürer unrecht. Sie war nicht zänkisch. Sie stand nur mit beiden Beinen auf dem Boden und war die, die alles zusammenhielt. Ich weiß nicht, was Albrecht Dürer ohne sie gemacht hätte."

Als Agnes Frey und Albrecht Dürer heiraten, steht sie gesellschaftlich über ihm und sie ist auch die Betuchtere. Agnes ist eine der beiden Töchter des wohlhabenden Kupferschmieds und Lautenbauers Hans Frey und seiner Frau Anna. „Ihre Mutter Anna entstammte der Patrizierfamilie Rummel, die auch im Nürnberger Rat saß und damit große Bedeutung hatte", erklärt Gabi Stauß. Agnes' Familie ist in der Stadt hoch angesehen, „Hans Frey stellte als Rot- (Kupfer)schmied u.a. Tischbrunnen her, spielte bei Prozessionen ein Instrument, galt als guter Sänger und hatte öffentliche Ämter inne, besaß auch einige Bergwerksanteile", schreibt Ulrike Halbe-Bauer in ihrem Aufsatz *Das böse Weib? Die Wahrheit über Agnes Dürer*, in dem auch sie mit dem Vorurteil aufräumt, Agnes Dürer sei böse und zänkisch gewesen: „Das Bild der Agnes Dürer ist seit Jahrhunderten geformt durch das vernichtende Urteil, das der Nürnberger Ratsherr und Humanist Willibald Pirckheimer in einem Brief nach dem Tod Albrecht Dürers über sie formuliert hat. Doch Pirckheimer war ein cholerischer, streitbarer

Albrecht Dürer malte das Gemälde Heilige Anna selbdritt *1519. Agnes Dürer war das Vorbild für die Mutter Anna mit Kopftuch.*

Mensch, der zudem von der Gicht gequält wurde. Neben Agnes Dürer hat er auch andere Leute derb beschimpft."

Doch zurück zu den Anfängen der Ehe zwischen Agnes und Albrecht: Die Verbindung vereinbaren, wie in der Frühen Neuzeit üblich, die Väter miteinander. „Albrecht musste deswegen seine Walz unterbrechen, und die Väter handelten eine Mitgift von 200 Gulden aus", sagt Gabi Stauß. Ob er der Richtige ist? Zwar kennt Agnes ihren Künftigen vom Sehen, aber das ist lange her, schließlich ist Albrecht Dürer seit Jahren auf Reisen. „Agnes war sich nicht so ganz sicher und hat schon ein bisschen gehadert. Andererseits hat sie ihrem Vater und dessen Wahl vertraut", erklärt die Nürnbergerin. Ganz so, wie das in den damaligen Zeiten üblich ist. Eine Eheschließung hat nicht unbedingt mit Liebe zu tun, vielmehr geht es darum, beide Teile des Paares in eine stabile Beziehung mit einer soliden wirtschaftlichen Grundlage zu führen. „Es gibt nichts, das darauf hindeutet, dass Agnes mit der Wahl ihres Vaters unglücklich gewesen wäre", unterstreicht Gabi Stauß.

Gabi Stauß vor dem Straßenschild der nach Agnes Dürer benannten Agnesgasse.

Gutes Aussehen bringt Albrecht auch mit. Obendrein ist er selbstbewusst, zugleich aber verträumt. „Daneben litt er jedoch an Melancholie, die ihn häufig an der Arbeit hinderte, und verfügte insgesamt über eine schwache Gesundheit. Auf der anderen Seite durchlebte er äußerst produktive Phasen, war allem Neuen gegenüber aufgeschlossen und erwarb im Laufe der Jahre eine Bildung, die weit über die eines Handwerkers hinausging", schreibt Ulrike Halbe-Bauer. Sein Tagebuch zeige aber, dass es sich bei ihm auch um einen „zwanghaft genauen, manchmal geradezu kleinlichen Menschen" gehandelt habe. Die Autorin bilanziert: „Das Zusammenleben mit ihm wird für eine junge, unerfahrene Frau nicht gerade einfach gewesen sein."

In der Verlobungszeit holt er sie des Öfteren zu Spaziergängen ab. „Aber auch das war nicht immer so einfach und nicht nur romantisch", schildert die Gästeführerin. „Wenn er zum Beispiel einen Baum sah, konnte es passieren, dass er sich vollkommen in dessen Betrachtung verlor, und er fand dann auch schwer wieder in die Gegenwart." Die junge Agnes sei davon durchaus peinlich berührt gewesen.

Am 7. Juli 1494 findet schließlich die Hochzeit statt. Agnes ist von Anfang an nicht nur Ehe-, sondern auch Geschäftsfrau und vermarktet die Drucke und Stiche ihres Mannes auf dem Nürnberger Wochenmarkt, aber auch auf Messen in Leipzig und Frankfurt. „Aus heutiger Sicht würde man sagen, sie war Kunsthändlerin", erklärt Gabi Stauß. Reisende Kunsthändlerinnen gab es damals einige, in der Messestadt Frankfurt befand sich sogar eine eigene Herberge für sie. Ulrike Halbe-Bauer schreibt: „Auf den Messen mußte sie ihren Kunden Rede und Antwort stehen – einfachen Menschen, aber in erster Linie wohl gebildeten. Die Themen der Drucke müssen ihr deshalb vertraut gewesen sein: Heiligenlegenden, griechische Mythologie, die neuesten Skandale und die Darstellung nackter Menschen, die zu Beginn des 16. Jahrhunderts in Deutschland eine Sensation bedeutete. Daß sie das Lesen, Schreiben und Rechnen beherrschte, ist da fast eine Selbstverständlichkeit." Teils begleitet sie ihren Mann auf dessen langen Reisen, zum Beispiel in den Jahren 1520 und 1521 in die Niederlande, teils hält sie zu Hause in

„Sie war immer die Bodenständige in der Familie, die Realistin."

der Werkstatt die Stellung und fertigt möglicherweise sogar selbst Drucke an. „Sie war immer die Bodenständige in der Familie, die Realistin", sagt Gabi Stauß.

Kinder allerdings werden die beiden nicht bekommen, wodurch die Familie mit Albrecht Dürer ausstirbt. Kinderlosigkeit hat in der damaligen Zeit eine ganz andere Bedeutung als heute, der Wert einer Frau wird nicht zuletzt an ihrer Fruchtbarkeit gemessen. „Die Dürers haben es irgendwann als Gottes Willen betrachtet, dass sie keine Kinder bekommen können. Albrecht hat in seiner Jugend zahlreiche Geschwister sterben sehen und tröstete sich und sie, dass einem dann wenigstens dieser Schmerz erspart bleibe." Grundsätzlich, sagt Gabi Stauß, sei Dürer wohl ein sehr zärtlicher Mann gewesen. „Und sie wusste mit ihm umzugehen. Wenn er sehr vertieft in seine Arbeit war, war ihr klar, dass sie ihn nicht stören darf. Auch wenn er Gefühlsschwankungen hatte, wusste sie sich richtig zu verhalten."

Eine harte Prüfung für das Paar sei sein zweiter Venedig-Aufenthalt gewesen: „Er wollte eigentlich nur ein halbes Jahr bleiben, aber daraus wurden eineinhalb Jahre, und als er zurückkehrte, hatten sie sich voneinander entfremdet und wussten nicht so recht, wie sie sich verhalten sollen." Doch das habe sich wieder eingespielt. „Er sagte ihr immer wieder, dass sie für ihn eine schöne Frau ist", erzählt Gabi Stauß und fährt nachdenklich fort: „Ich weiß nicht, ob er alleine so lebensfähig gewesen wäre. Sie war die Umsichtige und versuchte, alles zu regeln."

Albrecht Dürer porträtierte seine Frau Agnes 1521 in niederländischer Tracht.

Als Albrecht Dürer stirbt, beantragt „Agnes, weylendt Albrechten Dürrers nachgelassen witwe" bei Kaiser Karl V. (1500-1558) das Privileg, das Monopol auf den Nachdruck und Verkauf der *Proportionslehre* ihres Mannes zu bekommen. „Dieses Privileg wurde später vom Rat auch auf Drucke ausgeweitet", erklärt Ulrike Halbe-Bauer, die mit *Mein Agnes* auch einen Roman über Agnes Dürer geschrieben hat. Die Autorin hat außerdem herausgefunden, dass Agnes Dürer offenbar großzügig war und zu Gunsten ihrer Schwäger auf einen Teil ihres Erbes verzichtete.

Nein, all das macht nicht den Eindruck einer zänkischen, missmutigen Person. Vielmehr wirkt Agnes wie eine Frau, die einen nicht ganz einfachen Alltag mit einem nicht ganz einfachen Partner zu meistern hatte und obendrein noch ihre Kinderlosigkeit verkraften musste. Und die in der damals sehr von Männern dominierten Welt ihre Frau zu stehen wusste. Das jedoch mag den einen oder anderen Herrn

> *„Er sagte ihr immer wieder, dass sie für ihn eine schöne Frau ist.“*

durchaus so verblüfft haben, dass er sich nicht anders zu helfen wusste, als die Gattin Albrecht Dürers als zänkisch zu bezeichnen.

Eva-Maria Bast

....

Erinnerungsorte:

Agnes Dürer lebte im Albrecht-Dürer-Haus, Albrecht-Dürer-Straße 39. Außerdem ist die Agnesgasse nach ihr benannt.

KLEIDER FÜR MEHR BEWEGUNG
Designerin, Künstlerin und Architektin

*B*erlin 1904: Das Warenhaus A. Wertheim stellt Reformkleider aus edlen Stoffen und mit feinen Jugendstil-Stickereien aus. Um die Jahrhundertwende möchten viele Frauen endlich das viel zu enge und ungesunde Korsett loswerden. Reformbüstenhalter und weit fallende Kleider kommen langsam in Mode. Eine der Protagonistinnen dieser Bewegung ist die in Nürnberg geborene Else Oppler-Legband.

Sie leitet die Abteilung für künstlerische Frauentracht im schicken Warenhaus Wertheim, doch längst ist die gebildete Fränkin deutschlandweit für ihre eigenen Entwürfe bekannt. In der derzeitigen Sonderausstellung zeigt sie 15 Kleider, unter anderem ein elegantes Festgewand mit Schleppe, gefertigt aus lila Atlas und weinrotem Tuch. Bei Damen der Gesellschaft, die es gewöhnt sind, sich stets nach der neuesten Pariser Mode zu kleiden, hat das Reformkleid noch einen schweren Stand. Der berühmte Architekt und Leiter der Kunstgewerbeschule Weimar, Henry van de Velde (1863-1957), ist mit seinem lose herabhängenden „Reformsack" bei den Damen sang- und klanglos durchgefallen. Doch Else Oppler-Legband verleiht dem Reformkleid eine Eleganz, die auch modebewusste Frauen mit dem wenig figurbetonten Schnitt versöhnt.

Dass sie einmal zum Star auf dem Gebiet der künstlerischen Textilgestaltung aufsteigen wird, ist der kleinen Else, die 1875 in Nürnberg zur Welt kommt, nicht unbedingt in die Wiege gelegt. „Mich hat an ihr beeindruckt, dass sie nicht nur Kleider entwarf, sondern zusätzlich auch als Innenarchitektin, Kunsthandwerkerin, Bühnenbildnerin, Designerin, Filmarchitektin und Kostümbildnerin gearbeitet hat", sagt die in Nürnberg und Fürth sehr bekannte bildende Künstlerin und

Else Oppler-Legband wuchs im kleinen Ort Doos auf und erarbeitete sich von Nürnberg aus ihren Ruf als Modedesignerin.

Performerin Barbara Engelhard. Sie studierte an der Akademie der Künste in Nürnberg, fertigt Installationen für den öffentlichen Raum an und übernimmt Aufträge für Kunst am Bau. „Aus heutiger Sicht ist das Schaffen von Else Oppler-Legband sehr modern, weil auch aktuell viele Künstler medienübergreifend arbeiten."

Else Oppler wächst behütet mit ihrer drei Jahre jüngeren Schwester Frieda in Doos, einem kleinen Ort zwischen Nürnberg und Fürth, auf. Der einzige Nachbar ist ein Bauer, sonst sind da nur Felder, viel Platz zum Spielen und die chemische Fabrik ihres Vaters Theodor Oppler (1835-1909). Als sich dieser 1885 mit Elses Mutter Julie dafür entscheidet, nach Nürnberg zu ziehen, um dort als Leiter der Berufsgenossenschaft für die chemische Industrie zu arbeiten, vermisst Else die ländliche Idylle schmerzlich. Doch sie profitiert auch von dem Leben in der Stadt, denn ihre Eltern schicken sie in das Port'sche Institut, eine Privatschule für höhere Töchter in Nürnberg, und sie erhält dort eine fundierte Ausbildung.

Frisch aus der Schule entlassen, möchte sie kreativ arbeiten. Das mag an Einflüssen aus ihrer Familie liegen, denn Else hat künstlerisch tätige Verwandte: Ihr Onkel Edwin Oppler prägt bis zu seinem Tod 1880 in Hannover die neugotische Architekturschule, seine Söhne Ernst und Alexander sind etwas älter als Else und werden als Maler und Bildhauer sehr bekannt.1898 geht Else zunächst nach München, um bei dem Maler und Kunstpädagogen Max Dasio (1865-1954) zu lernen. Eine Weile lebt sie in der Künstlerkolonie in Dachau. Auch bei dem Mitbegründer der Wiener Werkstätte Josef Hoffmann nimmt sie Unterricht.
Im April 1900 findet in Krefeld der Deutsche Schneidertag statt, begleitend dazu präsentiert eine Ausstellung erstmals in Deutschland eine größere Auswahl an künstlerischen Reformkleidern. Zuallererst sind dort Entwürfe von Männern zu sehen, auch Henry van de Velde stellt dort sein Sack-Kleid ohne großen Erfolg vor. Doch schon bald entwerfen immer mehr Frauen Reformkleider, allen voran die Nürnbergerin Else Oppler.
Ihre ersten wichtigen Schritte auf dem Weg zur Designerin geht sie im November 1901: Das Bayerische Gewerbemuseum in Nürnberg ver-

anstaltet seinen ersten kunstgewerblichen Meisterkurs. Dozent ist Peter Behrens (1868-1940) von der Künstlerkolonie Mathildenhöhe bei Darmstadt, und Else Oppler ist eine der wenigen Frauen, die teilnehmen. Es kann gut sein, dass sich der 33-jährige Architekt und die 26-Jährige schon bei dieser ersten Begegnung ineinander vergucken. Sie werden sich fortan jedenfalls nie mehr aus den Augen verlieren und in späteren Jahren ein Liebespaar.

Dank Peter Behrens kommt Else mit Walter Gropius (1883-1969), der 1919 in Weimar das Bauhaus gründen wird, und Henry van de Velde in Kontakt, in dessen Berliner Atelier sie auch arbeitet. Sie rutscht immer tiefer in die Künstlerszene und übernimmt – ebenfalls 1901 – die Leitung der kunstgewerblichen Werkstätte des Nürnberger Vereins Frauenwohl. „Dieser setzte sich ohne große Diskussionen für mehr Gleichberechtigung ein", sagt Barbara Engelhard. „Das kam Else Oppler sehr entgegen."

„Dieser setzte sich ohne große Diskussionen für mehr Gleichberechtigung ein. Das kam Else Oppler sehr entgegen."

Mit dem Verein Frauenwohl kommen für Else Oppler die ersten künstlerischen Erfolge. 1902 werden die Nürnbergerinnen für ihre Stickarbeiten bei der Ersten Internationalen Ausstellung für Moderne Dekorative Kunst in Turin mit der Silbermedaille ausgezeichnet. Anfang 1903 stellt das Hohenzollern-Kaufhaus in Berlin Frauenkleider aus, auch von Else Oppler ist ein Modell zu sehen.

Noch im selben Jahr verlässt sie Nürnberg und zieht in das künstlerisch spannendere Berlin, um sich im Warenhaus Wertheim als Abteilungsleiterin um die künstlerische Frauenkleidung zu kümmern.

Dass sie nicht nur Kleider entwirft, sondern auch Dekoratives für den Haushalt – wie 1902 eine Biskuitdose aus Silber sowie Tischdecken, Servietten und Möbel – entspricht ganz dem Zeitgeist. „An Kunstschulen wie dem berühmten Bauhaus wurde Frauen zu verstehen gegeben, dass Architektur den Männern vorbehalten ist", sagt Barbara Engelhard. „Sie sollten sich lieber im Kunstgewerbe tummeln." Oder in der Innenarchitektur, „weil das noch am ehesten mit ihrer traditionellen Rolle als Hausfrau zu tun hatte".

1904 heiratet Else den Braunschweiger Journalisten und Theater-
mann Paul Heinrich Legband (1876-1942). Das Ja-Wort geben sich die
beiden dann in Nürnberg. In den
kommenden Jahren steigt Else, die
den Nachnamen Oppler-Legband
annimmt, endgültig zum Star der
Reformkleiderbewegung auf. Fotos
ihrer Kleider tauchen in einschlägi-
gen Zeitschriften wie *Deutsche
Kunst und Dekoration* sowie in
Büchern auf. Lob erntet sie – auch
von Henry van de Velde – für ihre
Materialkenntnisse, ihre Fantasie
und ihren Geschmack.

*Barbara Engelhardt hat sich intensiv mit der
Geschichte von Else Oppler-Legand
beschäftigt.*

1909 verlässt sie das Warenhaus
Wertheim, um sich ganz ihrer Pas-
sion für Schaufensterdekoration zu
widmen. Und Else Oppler-Legband
gründet die erste Schule in Berlin,
die Fachleute in dieser Profession
ausbildet. „Ich finde ihre große
Neugierde und Offenheit, die sie
dazu brachte, immer wieder etwas
Neues zu probieren, sehr beeindruckend", sagt Barbara Engelhard.
1911 zieht sie mit ihrem Mann nach
Freiburg, weil er den Posten des
Intendanten am dortigen Staatsthe-
ater übernimmt. Else ist für die Aus-
stattungen der Inszenierungen verantwortlich.
Zwei Jahre später wird sie Mitglied
des Deutschen Werkbundes, 1914 leitet sie das Haus der Frau während
der großen Werkbund-Ausstellung in Köln. Dann lebt sie wieder in
Berlin, entwirft Bühnendekorationen für verschiedene Theater und
stattet Filme aus, darunter 1920 *Die Kronjuwelen des Herzogs von*

Rochester mit Hans Albers. Regie führt ihr Ehemann Paul Heinrich Legband, doch 1924 lässt sie sich von ihm scheiden. „Sie war zwar eine bekannte Künstlerin, musste aber schauen, womit sie Geld verdienen kann", sagt Barbara Engelhard. „Es ging ihr wie den Freelancern heute, die auch nicht von einem Auftrag allein leben können."

Immer wieder arbeitet Else Oppler-Legband mit dem Architekten Peter Behrens zusammen. 1927 soll sie den Behrens-Bau in der Stuttgarter Weißenhofsiedlung, die ganz im Stil des Bauhauses erbaut wird, möblieren. Aber sie bekommt den Auftrag schließlich doch nicht. Ab 1931 tritt Else offiziell als Lebensgefährtin von Peter Behrens auf. Der Architekt plant für das Paar ein „Haus des Glücks" auf dem Land. Sie möchten als Bauern leben, „um nicht nur Gegenstände zu entwerfen, sondern auch ihre eigenen Lebensmittel zu erzeugen", sagt Barbara Engelhard. Doch der Traum von einem gemeinsamen bäuerlichen Leben platzt: Nach der Machtergreifung der Nationalsozialisten flieht Else, die jüdischer Abstammung ist, aus Deutschland.

„Sie war zwar eine bekannte Künstlerin, musste aber schauen, womit sie Geld verdienen kann."

Zunächst geht sie nach Holland, um dort tatsächlich in der Landwirtschaft zu arbeiten. Ab 1935 lebt sie als Bäuerin in Südtirol, 1937 eröffnet sie in Meran eine Pension. „Ich begann wieder zu malen, was ich in meiner Jugend begonnen hatte, und konnte hier und da Bilder verkaufen", schreibt Else rückblickend über die Zeit in Italien in ihrem Tagebuch.

Die Flucht führt sie weiter nach Schweden, wo sie bis zum Kriegsende lebt. Peter Behrens stirbt 1940 in Berlin. 1952 verlässt Else Oppler-Legband Stockholm und verbringt ihre letzten Lebensjahre in Überlingen am Bodensee. Dort stirbt sie 1965 mit 90 Jahren.

„Mich haben ihre Verdienste um das Reformkleid wirklich beeindruckt", sagt Engelhard. Endlich das Korsett loszuwerden, sei schließlich nicht nur eine Frage der Gesundheit und des Wohlbefindens gewesen.

Die Kleidung sei im Kampf um Gleichberechtigung ein ähnlich wichtiger Posten gewesen wie das Frauenwahlrecht. „Mit Korsett und engen

Kleidern konnten sich die Frauen kaum bewegen, sie konnten nicht radeln, nicht schnell gehen, sondern nur zierlich sitzen und schreiten." Sich an der Universität mit den üppigen Kleidern inklusive der vielen Unterröcke in die Sitzreihen zu zwängen, sei unmöglich gewesen: „Kleidung ist ein wichtiger Aspekt der Emanzipation." Else Oppler-Legband ist für Barbara Engelhard aber auch deshalb ein Vorbild, „weil sie für ihre Zeit so vielseitig war". Und weil sie Verantwortung übernahm für die Geschicke der Frauen.

„Mit Korsett und engen Kleidern konnten sich die Frauen kaum bewegen."

Ute Möller

....

Erinnerungsort:

Im einstigen Gewerbemuseum am Gewerbemuseumsplatz erinnert heute nichts daran, dass Else Oppler hier 1901 einen Meisterkurs bei Peters Behrens absolvierte. Es wird aktuell vor allem vom städtischen Bildungszentrum und dem bayerischen Gesundheitsministerium genutzt, aber ein Gang durch das historische Gebäude lohnt sich allemal.

Johanna Linde Hübsch in ihrem Element: ihrem Verkaufsstand für Wela-Suppen.

SUPPE UND EIN OFFENES OHR
Pfarrersfrau mit großem Herzen

Johanna Linde Hübsch sprach kein Hochdeutsch. Sondern Fränkisch. Sie fragte jeden: „A Dässla Suppn?" An ihrem in Nürnberg so beliebten Suppenstand herrschte immer rege Betriebsamkeit – und es ging Johanna Linde Hübsch auch nicht in erster Linie ums Verkaufen. „Wenn jemand im Winter gefroren hat oder wenn die Schulkinder auf den Bus gewartet haben, haben sie eine Tasse Suppe geschenkt bekommen", sagt die Nürnbergerin Karola Gärtner. Und Johanna Linde Hübschs Tochter Magdalena Stange ergänzt: „Es kam auch immer eine

Kindergärtnerin mit ihren Kita-Kindern vorbei. Besonders gerne hat meine Mutter erzählt, wie sie einmal eines der Kindergartenkinder, ein hübscher Bub, glücklich angestrahlt und zu ihr gesagt hat: ‚Mei, die Suppn ist fei goud!' Auch Karola Gärtner hat sich, als sie noch Schülerin war, oft ein Tässchen einschenken lassen. „Jedermann konnte kommen", sagt sie. Und bekam neben einer Tasse warme Suppe auch noch ein warmes Lächeln. Anschließend wurden die kleinen Porzellantassen von ihr ausgespült und natürlich wiederverwendet.

Johanna Linde Hübsch wächst in Oberfranken mit zwei Schwestern auf, zwei Brüder sind schon früh gestorben. Ihre Mutter ist alleinerziehend und bringt ihre Familie genau damit durch die schweren Nachkriegsjahre, was auch ihre Tochter später tun wird: mit dem Verkauf von Suppen. Als Johanna 15 Jahre alt ist, zieht die Familie nach Nürnberg, wo sie ihre große Liebe kennenlernt, den 25 Jahre älteren Paul Hübsch, der ehrenamtlicher Pastor einer freien Kirche ist. Sie heiraten. Und schon bald zeigt sich Johanna Linde Hübschs großes Herz und ihr offenes Ohr, das die Leute später auch in Scharen an ihren Suppenstand treiben wird: Sie bäckt und kocht mit viel Hingabe für die Gemeinde, richtet Feste aus. Sechs Kinder zieht sie liebevoll groß, und sie kümmert sich unermüdlich um andere.

Doch eine große Familie braucht Platz, die Hübschs wollen aus der kleinen Wohnung in ein größeres Haus umziehen. Johanna überlegt, wie sie ihren Mann bei der Finanzierung unterstützen kann. Da muss sie wieder an die Mutter denken und daran, wie sie Johanna und ihre Schwestern durch die Nachkriegsjahre gebracht hat. Von Tür zu Tür ist sie mit

„Jeder hat bei ihr eine Tasse heiße Suppe bekommen, der Obdachlose genauso wie der Bankdirektor. Dabei war völlig klar, dass nicht jeder ihr danach etwas abkaufen würde. Sie hat im Anschluss nie versucht, einem etwas aufzuschwatzen."

ihren Suppen gezogen. „Meine Oma hat sich auf ihr Fahrrad gesetzt und kleine Pröbchen verteilt. Die haben die Leute dann probiert, und wenn sie eine Woche später wiederkam, haben sie ihr ihre Suppen abgekauft." Was ihre Mutter konnte, kann sie schon lange, denkt sich

Johanna Linde Hübsch – und das ist der Beginn ihres so beliebten wie berühmten Suppenstandes: „Anfang der 1960er-Jahre baut sie sich ein zweites Standbein als Marktbeschickerin auf, verkauft auf den Messen, Märkten und Kirchweihen der Region Suppenpulver, Soßen, Streuwürzen und vieles mehr", erzählt Karola Gärtner. Und sie schenkt täglich bis zu 300 Liter kostenlose Brühe aus. Schließlich genehmigt ihr die Stadt Nürnberg den Ausschank ihrer Suppe auf dem Hauptmarkt, und von da an ist ihr ein fester Platz im Herzen der Nürnberger sicher. „Jeder hat bei ihr eine Tasse heiße Suppe bekommen, der Obdachlose genauso wie der Bankdirektor. Dabei war völlig klar, dass nicht jeder ihr danach etwas abkaufen würde. Sie hat im Anschluss nie versucht, einem etwas aufzuschwatzen", erinnert sich Karola Gärtner. „Ihre Freundlichkeit hat genauso gutgetan wie ihre Suppe. Sie hatte immer und für jeden ein offenes Ohr."

Als Johannas Ehemann 1986 stirbt, konzentriert sie sich ganz auf ihre Arbeit. Allein: Mit ihrem großen Herzen erobert sie ein anderes. Ein ungarischer Baron hat ein Auge auf sie geworfen. Er passt sie immer wieder abends ab, wenn sie den Stand abgebaut hat und die Sachen ins Auto räumt, und er

Karola Gärtner vor dem Gedenkstein für Johanna Linde Hübsch.

bittet sie dann um ein gemeinsames Abendessen. „Meine Mutter gab ihm zwar einen Korb nach dem anderen, doch wir haben ihr gut zugeredet, und irgendwann ließ sie sich doch auf ein Abendessen ein", berichtet Magdalena Stange. Dabei soll es nicht bleiben: Die beiden werden ein Paar, leben aber in getrennten Wohnungen. „Meine Mutter hat ihn bekocht, und sie haben ihre Urlaube miteinander verbracht."

Johanna Linde Hübsch fand nicht nur Gefallen an dem Baron, sondern auch an Ungarn. „Deshalb wurde auch der Ungarische Marsch gespielt, als wir die Linde für sie pflanzen ließen", erklärt ihre Tochter. Denn die Familie und auch die Nürnberger würdigen und ehren Johanna Linde Hübsch für ihr Engagement:

> *„Deshalb wurde auch der Ungarische Marsch ge-spielt, als wir die Linde für sie pflanzen ließen."*

Ihre Kinder setzen sich gemeinsam mit der Stadt erfolgreich dafür ein, dass Johanna Linde Hübsch 1999 mit der Verdienstmedaille des Verdienstordens der Bundesrepublik Deutschland ausgezeichnet wird, eine große Freude und Ehre, die die Nürnbergerin da am Ende ihres Lebens erfahren darf.

Denn drei Jahre später stirbt sie – berufstätig bis zum letzten Tag – an Herzstillstand, nachdem sie die Nürnberger 40 Jahre lang Tag für Tag mit warmer Suppe und unermesslicher Freundlichkeit beglückt hat. Und daran können sich die Nürnberger an der Linde, die im März 2004 von der Familie für sie gepflanzt wurde, erinnern.

Eva-Maria Bast

....

Erinnerungsorte:

Johanna Linde Hübsch lebte lange Zeit im Zerzabelshof in der Viatisstraße. Zur Erinnerung an sie pflanzte ihre Familie im März 2004 eine Linde in den Kreisverkehr in der Lorenzer Straße zwischen Theatergasse und Peter-Vischer-Straße. Dort steht auch eine Erinnerungstafel.

Das Vergissmeinnicht steht für die Dichterin Maria Catharina Stockfleth.

FRAUEN IN DER LITERATUR

Eine kaiserlich gekrönte Poetin

Eines der ersten Bücher, das von einer Frau geschrieben wurde und die Frau obendrein in den Mittelpunkt des Werkes stellt, hatte ausgerechnet eine Nürnbergerin geschaffen: Maria Catharina Stockfleth. Die deutsche Dichterin der Barockzeit war Mitglied des Nürnberger Pegnesischen Blumenordens und schrieb gemeinsam mit ihrem zweiten Ehemann ein zweibändiges Werk. Sie gilt als Vorkämpferin für die Emanzipation der Frauen.

Maria Catharina wird als Tochter des Theologen Johann Leonhard Frisch (1604-1673) und seiner Gattin, der Kaufmannstochter Katharina Lang, in Nürnberg geboren. Ihr Vater ist als Kaplan an der Sebalduskirche und dann als Pfarrer an der Egidienkirche tätig. Über ihre Kindheit ist wenig bekannt, ebenso wie über ihre erste Ehe, die sie am 5. Dezember 1653 mit dem Hilpoltsteiner Hofprediger Johann Conrad Heden eingeht, mit dem sie fünf Kinder bekommt. Doch zwölf Jahre später stirbt er.

Das Schreiben hat Maria Catharina schon immer fasziniert, und so wird sie 1665 unter dem Namen „Dorilis" und dem Vergissmeinnicht als Emblem in die heute noch bestehende Dichtervereinigung Pegnesischer Blumenorden aufgenommen. Jedes Mitglied hatte eine Blume als Symbol. Dieser Brauch geht auf die Legende zurück, dass 1644 anlässlich einer Doppelhochzeit zwei Hochzeitsgedichte (Schäfergedichte) bestellt wurden. Eines sollte Georg Philipp Harsdörffer (1607-1658) schreiben, das andere Johann Klaj (1616-1656). Der bessere von beiden sollte zum Lohn einen Lorbeerkranz bekommen, in den Blumen geflochten sind. Beide wurden für gleich gut befunden, und die höflichen Dichter wollten dem jeweils anderen den Vortritt lassen. Die Geschichte endete damit, dass sich jeder nur eine Blume herausnahm und sich dazu einen Namen suchte. Damit war die Tradition begründet und galt für alle Dichterinnen und Dichter, die im Laufe der Jahre, Jahrzehnte und Jahrhunderte dazukamen. So wurde also aus Maria Catharina Stockfleth „Dorilis" – und ihr Zeichen das Vergissmeinnicht.

In der *Allgemeinen Deutschen Biographie* heißt es dazu: „Im J. 1668 wurde sie, die kaiserlich gekrönte Poetin, unter dem Namen ‚Dorilis' in den Nürnberger Blumenorden aufgenommen, wo sie mit den üblichen Lob- und Widmungsgedichten vor den Werken ihrer dichtenden Genossen am litterarischen Treiben der Pegnitzschäfer theilnahm."

In jenem Blumenorden lernt sie den als „Dorus" bekannten Pfarrer und Poeten Heinrich Arnold Stockfleth kennen und lieben. Das Paar heiratet am 19. April 1669 und verfasst den zweibändigen Schäferroman *Die kunst- und tugendgezierte Macarie*. Band 1 erscheint 1669, Band 2 im Jahr 1673. Dr. Peter Czoik von der Bayerischen Staatsbibliothek schreibt: „Während der erste Band ‚Der verkehrte Schäfer' auf dem Titelblatt noch ihrem Mann zugeschrieben wird, erscheint der zweite Teil ‚Der Bekehrte Schäfer' unter dem Namen Dorilis. Wie Briefe und Tagebücher Sigmunds von Birken allerdings belegen, stammen die meisten Romanpartien einschließlich des ersten Teils von ihr selbst."

Außerdem schreibt sie mehrere Andachtslieder und ein Huldigungsgedicht für die Markgräfin Sophie Luise von Brandenburg-Bayreuth (1642-1702). Einige ihrer Gedichte erscheinen 1690 in Heinrich Müllers *Geistliche Erquick-Stunden*.

Und auch sie selbst wird bedichtet. Der Dichter Sigmund von Birken schreibt 1673 über sie:

Von Dorilis diß Blat nur zeigt die Stirne: / Wer bildet uns ihr Geistiges Gehirne / Sie selbst es that: diß Buch hier mag durchgehn / Wer innen auch wil ihre Schöne sehn.

Eva-Maria Bast

....

Erinnerungsorte:

Ihr Vater wirkte als Kaplan an der Sebalduskirche und dann als Pfarrer an der Egidienkirche. Vom Pegnesischen Blumenorden ist ein Irrhain erhalten, in dem noch heute Veranstaltungen stattfinden. Das Eingangstor zum Irrhain befindet sich in der Lachfelderstraße. Wenn man der Straße von Kraftshof kommend folgt, ist es auf der linken Seite zu sehen.

EIN LEBEN FÜR DIE BÜHNE

Die Einsamkeit des Ruhms

*B*is zum Ruhm war es ein weiter Weg. Und dann war der Ruhm, oder besser: die Oper, ihr Leben. Martha Mödl wird 60 Jahre lang auf der Bühne stehen, in Bayreuth brillieren, durch die ganze Welt reisen. Die Nürnbergerin Karin Ecker, Ehefrau von Kammersänger Heinz-Klaus Ecker und freiberufliche Mitarbeiterin des Kunst- und Kulturpädagogischen Zentrums am Germanischen Nationalmuseum in Nürnberg, hat sie noch persönlich kennengelernt. Sie sagt: „Ihre stimmliche und darstellerische Ausdruckskraft war unglaublich eindringlich. Ich werde das nie vergessen." Man könnte sagen, die Musik war Martha Mödls große Liebe. Und ihre einzige. Ihre berühmte Kollegin Anja Silja, die sie in einem Interview mit der *B.Z.* als „sehr bescheiden, zurückhaltend, introvertiert, aber dennoch fröhlich" beschreibt, sagt: „Sie ist am Leben vorbeigegangen, hat alles für die Oper geopfert. Das machte sie sehr einsam und traurig. Stille konnte sie nicht mehr ertragen. Also lebte sie immer in lauten Hotels, um den Lärm der Straße zu hören." Dass Martha Mödl bis ins hohe Alter auf der Bühne stand, habe nicht zuletzt daran gelegen, dass sie sonst vollkommen allein gewesen wäre. „Sie hat immer den Schein mit dem Sein verwechselt."

Martha wird in Nürnberg geboren und ist noch ein Kind, als der Vater die Familie verlässt. „Ihr Leben war relativ bescheiden, zusammen mit ihrer Mutter musste sie sich durchschlagen, weil der Vater keinen Unterhalt bezahlt hat", sagt Karin Ecker. Dennoch gelingt es der Mutter, ihre Tochter auf die Schule der Englischen Fräulein zu schicken, und Martha bekommt auch Klavierunterricht. Eine Musiklehrerin, berich-

Martha Mödl mit ihrem Entdecker und Förderer Wieland Wagner 1952 in Bayreuth.

tet die Nürnbergerin, habe ihr Talent erkannt und gefördert. Trotzdem schlägt Martha einen anderen Berufsweg ein, lange Jahre arbeitet sie als kaufmännische Angestellte. „Zum Glück ließ sie ihr Talent aber nicht ganz außer Acht", berichtet Karin Ecker. „Dann und wann sang sie auf privaten Feiern. Dort hörte sie jemand, der Kontakt zum Opernhaus hatte. Und der sagte dann: Hört euch diese Stimme an. Das ist was ganz Besonderes."

Karin Ecker vor dem Opernhaus in Nürnberg.

Tatsächlich wird Martha zum Vorsingen eingeladen. Der damalige Oberspielleiter der Oper, Herr Brückner, ist begeistert und vermittelt ihr eine Ausbildung bei einer renommierten Gesangslehrerin. Außerdem beginnt sie ein Gesangs- und Klavierstudium am Konservatorium in Nürnberg. Inzwischen ist Martha Mödl 28 Jahre alt, und der Zweite Weltkrieg beginnt. Die Musikfachschule wird bei einem Fliegerangriff zerstört, was für Martha ein frühzeitiges Ende der Ausbildung bedeutet. Durch glückliche Umstände erhält Martha Mödl ein Engagement am Theater in Remscheid. „Das war zwar nicht Nürnberg, aber sie war trotzdem sehr glücklich darüber", weiß Karin Ecker.

Zu diesem Zeitpunkt ist Martha bereits 30 Jahre alt. Eine nicht mehr ganz junge Berufseinsteigerin. Aber schon gleich brilliert sie mit einer schwierigen Verdi-Partie und singt sich mit ihrem gefühlvollen Mezzosopran in die Herzen der Zuhörer. Doch das Theater wird während des Zweiten Weltkriegs zerbombt, Martha muss nun Artilleriegranaten drehen. Nach dem Krieg bekommt sie ein Engagement an der Deutschen Oper am Rhein in Düsseldorf und Duisburg, wo sie als

Carmen debütiert und bis 1949 singt, dann folgt Hamburg. Sie erweitert ihr Fach um den dramatischen Sopran, und nun gibt es kein Halten mehr. Martha Mödl singt in Berlin, München, Salzburg, Stuttgart und Wien, an der Mailänder Scala und der Metropolitan Opera in New York.

1951 folgt der Ruf zu den Richard-Wagner-Festspielen in Bayreuth. Das Festspielhaus kennt Karin Ecker sehr gut, da auch ihr Mann dort viele Jahre lang unter Vertrag war. „Martha Mödl, die ja inzwischen ins hochdramatische Sopranfach gewechselt ist, war nach dem Krieg eine Sängerin der ersten Stunde in Bayreuth", unterstreicht sie. Mit Wieland Wagner (1917-1966) habe sie dank seiner Fähigkeiten kongenial zusammengearbeitet: „Was

> *„Martha Mödl, die ja inzwischen ins hochdramatische Sopranfach gewechselt ist, war nach dem Krieg eine Sängerin der ersten Stunde in Bayreuth."*

einen guten Regisseur ausmacht, ist, dass er einen Blick dafür hat, was der Künstler ihm anbieten kann, wie er ihn in die Rolle bringt, ohne ihn zu verbiegen. Wieland Wagner war ein begnadeter Regisseur." Und Martha Mödl sei sich Zeit ihres Lebens treu geblieben. Bayreuth, sagt Karin Ecker, war für sie ein Meilenstein.

Der österreichische Finanzattaché und Musikkritiker Dr. Ingobert Waltenberger beschreibt Martha Mödl in ihrer Rolle als Kundry in der Wagneroper *Parsifal* als „sängerisches Epizentrum des wiedereröffneten Bayreuth […]. Die noch junge Sängerin gilt als Bekennerin und Symbol eines erwachenden Nachkriegseuropa, für das Publikum ist sie Quelle eines neuen Verständnisses für Kunst als absoluter vitaler Notwendigkeit nach Krieg und Entbehrung. Martha Mödl, wie Pyrrha Überlebende einer großen Flut (*Metamorphosen* des Ovid), kreiert eine Welt mit und begibt sich auf eine steinige Erkundung der Verwandlungen, die bis 2001 dauern soll."

Über 60 Jahre wird Martha Mödl auf der Bühne stehen. Viele sehen in ihr *die* Wagner-Darstellerin schlechthin. Umjubelt, erfolgreich, aber nie eine Primadonna, immer bescheiden, integer. Und einsam. „In den Monaten, in denen sie keine Auftritte hat", sagt Anja Silja, „klingelt bei ihr nie das Telefon." Und damit er nicht zu laut wird, der

Lärm, den die Stille der Einsamkeit verursacht, wohnt sie eben nicht gern in ruhigen Hotelzimmern. Dem *Spiegel* ist das 1958 einen Bericht wert: „Martha Mödl, 35, Sopranistin,

„In den Monaten, in denen sie keine Auftritte hat, klingelt bei ihr nie das Telefon." die kürzlich mit der Stuttgarter Staatsoper in England gastierte, bat die Leitung ihres Londoner Hotels um ein ausgesprochen ‚lautes' Zimmer, weil ein ruhiges Zimmer sie nervös mache. Die Direktion des Hotels, das erst vor kurzem mit großem Kostenaufwand schalldicht gemacht worden war, ließ im Zimmer des deutschen Gastes die neuen Fenster gegen alte austauschen, damit die Sängerin in den vollen Genuß des Straßenlärms kommen konnte."

Eigentlich eine amüsante Anekdote. Wenn nicht so viel Einsamkeit dahinterstecken würde.

Eva-Maria Bast

....

Erinnerungsorte:

Ein Erinnerungsort ist das Opernhaus, Richard-Wagner-Platz 2, in dem sie häufig auftrat. Martha Mödls Vater Wolfgang Mödl unterhielt 1912 in Nürnberg eine Bau- und Möbelschreinerei in der Peyerstraße 28, ein paar Jahre später in der Schottengasse 10.

Das Familienepitaph der Familie Landauer in St. Sebald. Dorothea Landauerin kämpfte im 16. Jahrhundert klug um ihre Selbstbestimmung.

EIN HANDFESTER EHESKANDAL

Patriziertochter setzt sich zur Wehr

Die reiche Patrizierin Dorothea Landauerin sorgte für einen der wenigen bekannt gewordenen handfesten Eheskandale der frühneuzeitlichen Reichsstadt Nürnberg. „Sie begehrte mit enormem Selbstbewusstsein und großer Klugheit gegen die Regeln auf, denen die Frauen in der frühen Neuzeit unterworfen waren", sagt Sabine Weigand. Die Historikerin und Landtagsabgeordnete aus Schwabach schrieb mit *Das Perlenmedaillon* einen Roman, der sich am Leben der rebellischen Dorothea Landauerin orientiert.

1

Dorothea kam 1481 mit dem sprichwörtlichen goldenen Löffel im Mund auf die Welt. Sie war das einzige Kind des Nürnberger Kaufmanns und Bergbauunternehmers Matthäus Landauer (1451-1515) und dessen Frau Helena. „Die hatten Geld wie Heu. In ihren Kreisen waren Töchter ein Verschiebeobjekt, man musste sie gut verheiraten, und dabei drehte sich alles um Status und Geld."

Aber Dorothea ist „offensichtlich ein Feger", charakterisiert Sabine Weigand, und lässt sich bereits als 15-Jährige mit dem jungen Patriziersohn Bertold Pfinzing ein. 1496 verloben sich die beiden ohne Zustimmung der Eltern, ein Jahr später lassen sie keck ihre Eheschließung verkünden. Historische Quellen deuten die heimliche Verlobung unterschiedlich. Während einige davon sprechen, dass der Patriziersohn Bertold Pfinzing Dorothea verführt habe, ist sich Sabine Weigand nicht so sicher, dass sie tatsächlich ein Opfer des Patriziersprosses war, der nur an das Geld ihrer Familie wollte. „Man weiß es natürlich nicht genau, aber sie muss sich ja mit Pfinzing getroffen haben. Niemand wird sie aus ihrer Mädelsstuben gewaltsam entführt haben. Und wenn sie ihn dann sogar geheiratet hat, hat sie sicher auch etwas unterschrieben."

Sabine Weigand vor der Landauerkapelle, die Dorotheas Vater Matthäus Landauer durch den Baumeister Hans Behaim den Älteren errichten ließ.

Mädchen seien damals mit 15 Jahren nicht so unwissend gewesen wie heute. „Sie waren ja im besten heiratsfähigen Alter und dafür erzogen, dass sie eine gute Partie machen."

Die Landauerin sei eine kluge Frau gewesen, sich einfach so von Pfinzing eine Ehe aufzwingen zu lassen, sehe ihr nicht ähnlich.

Vater Matthäus Landauer betreibt sofort die Annullierung der Ehe. Weigand wundert das: „Die Pfinzings gehörten zu den zwanzig Patriziergeschlechtern in Nürnberg, die waren reich und Bertold durchaus ein standesgemäßer Schwiegersohn." Aber womöglich galt er ja als Hallodri. Oder er war für einen „unsteten Lebenswandel" bekannt. Oder die Landauers waren um diese Zeit mit den Pfinzings verfeindet. Man weiß es nicht. Vielleicht hatte Vater Matthäus einfach andere Pläne mit seiner hübschen Tochter? Erbost klagt er jedenfalls vor dem Rat der Reichsstadt und erreicht nach einem erbitterten Rechtsstreit mit Pfinzing schließlich die Annullierung der Ehe. Sogar Herzog Albrecht IV. von Bayern (1547-1508) setzt sich für Landauer ein. Und Pfinzing bittet erfolglos das geistliche Gericht zu Bamberg um Hilfe, jenes Rechtsorgan, vor dem Dorothea Jahre später die Scheidung ihrer katastrophalen Ehe erstreiten wird.

Längst ist der mit harten Bandagen geführte Kampf der beiden Männer in den reichen Kreisen Nürnbergs zum Stadtgespräch geworden. Und Dorothea sieht sich im Mittelpunkt ihres ersten großen Skandals, in dem sie sich schließlich ihrem Vater geschlagen geben muss. Ihr Exgatte Bertold Pfinzing wird wegen „fuchswilden weybnemens" aus Nürnberg gejagt. „Frauen waren damals keine Rechtspersonen. Sie standen immer unter der Vormundschaft von Männern, erst des Vaters, dann des Ehemannes oder des nächsten männlichen Verwandten", erklärt Sabine Weigand. Verträge dürfen Frauen nur abschließen, wenn sie verwitwet sind. Schon deshalb kann für Dorotheas Vater der Ehevertrag mit Pfinzing gar keine Geltung gehabt haben.

„Frauen waren damals keine Rechtspersonen. Sie standen immer unter der Vormundschaft von Männern."

Nach dem Skandal will Matthäus Landauer seine Tochter schnell unter die Haube bringen, bevor das eigensinnige Mädchen dem Ansehen der Familie noch mehr schaden kann. Er verheiratet die 17-Jährige 1497 mit dem 19-jährigen Wilhelm Haller. Ein wahres „Glamour-Paar" seiner Zeit! Jung, schön, reich! Die Verbindung mit der Patrizierfamilie der Hallers hätte Ansehen und wohl auch geschäftliche Vorteile bringen sollen. Doch es kommt anders: Wilhelm Haller der

Ältere ist gegen die Hochzeit, vielleicht weil ihm die bereits illegitim verheiratete Landauerin unpassend erscheint. Es beginnt ein erneuter langwieriger Streit, in dessen Verlauf Dorothea sogar auf Geheiß des Rats für einige Zeit mit ihrem ersten Sohn das Haus verlassen soll, in dem sie mit Wilhelm Haller wohnt. Dorotheas Schwiegervater scheut sich nicht, sogar König Maximilian für seine Belange einzuschalten. Aber die Ehe hat Bestand, wenn auch keinesfalls zur Freude von Dorothea, frönt ihr Ehemann doch dem Spiel. Würfeln, Karteln – in den Patrizierhäusern ist Glücksspiel durchaus üblich. Doch Wilhelm Haller ist süchtig nach dem Kick. „Es hat Dorothea wahnsinnig gestunken, dass er ihr Geld verpulverte", sagt Weigand. Denn sie hat ja eine ansehnliche Mitgift in die Ehe gebracht.

Auch ihren Vater, der stets sparsam ist, treibt die Verschwendungssucht seines Schwiegersohns um. Deshalb verfügte er in seinem Testament, dass Dorothea die Hälfte seines Vermögens nur erbe, wenn Wilhelm Haller darauf keinen Zugriff hat. „Das war damals ungewöhnlich", kommentiert die Historikerin. Zuvor hatte sich 1512 auf Bitten von Matthäus Landauer der Rat der Reichsstadt eingeschaltet und Wilhelm Haller angewiesen, die Finger vom Geld des Schwiegervaters zu lassen. Der Rat ermahnte ihn, sich Matthäus Landauer gegenüber „demütiger und freundlicher" zu zeigen.

Haller gibt nicht nur das Geld der Landauers mit vollen Händen aus, in den 16 Ehejahren verprügelt er Dorothea immer wieder. „Er war gewalttätig und brutal", sagt Weigand. Doch die selbstbewusste Dorothea habe die Gewaltausbrüche keinesfalls still geduldet, „sie wandte sich an den Rat der Reichsstadt und forderte ihn auf, etwas zu tun, damit ihr Mann sie in Ruhe lässt". Auch Familie Haller sitzt im Inneren Rat und muss sich dort mit dem Verhalten ihres Sprosses befassen, das Dorothea so mutig öffentlich macht.

Dass Männer ihre Frauen schlagen, ist im 16. Jahrhundert nichts Ungewöhnliches. Dass sich die Frauen dagegen zur Wehr setzen, aber schon, wenn es in Nürnberg und in der Familie Haller auch einen weiteren Fall gab. Der Rat schreibt abweisend an Dorothea: „Ein Weib hat wider seines Mannes Willen kein Gewalt." Immerhin weist er aber 1513 Wilhelm Haller zurecht und ermahnt ihn. Er solle aufhören, seine Frau zu bedrohen. „Wenn der Nürnberger Rat einem Patriziersohn sagt, er soll mal langsam machen, muss Dorotheas Klage berechtigt gewesen sein", ist Sabine Weigand überzeugt.

Tatsächlich legt der Rat einen Zeitraum fest, in dem Wilhelm Haller seine Frau nicht schlagen darf. Doch ihr geht das nicht weit genug und sie strengt einen der wenigen Scheidungsprozesse an, die die Reichsstadt Nürnberg im Mittelalter gesehen hat. „Dorothea war offenbar ein ganz starker Charakter", sagt Sabine Weigand. Sie habe ein Selbstbewusstsein gehabt, das dem damaligen Frauenbild keineswegs entsprach. Hätte Dorothea den gewalttätigen Ehemann einfach verlassen und wäre zu ihrer Familie zurückgegangen – es hätte als Schande gegolten. „Außerdem wäre sie immer noch verheiratet gewesen und die vier Söhne wären beim Vater geblieben." Das will Dorothea aber auf keinen Fall.

Als 1515 ihr Vater stirbt und sie das halbe Vermögen geerbt hat, nutzt sie sogleich die Chance und verlässt ihren Mann, um klug und planvoll die Scheidung voranzutreiben. „Zu ihrem Erbe gehörte das Landauer'sche Schloss in Wolkersdorf, dorthin zog sie bei Nacht und Nebel mit ihren Söhnen." Der Rat kennt inzwischen die Entschlossenheit der Dorothea Hallerin nur zu gut. Weil er vermeiden will, dass die reiche Erbin Nürnberg verlässt, bietet er ihr Bürgen an, die dafür sorgen sollen, dass Haller sie nicht mehr schlägt. Zugleich bedrohen die Ratsherren Dorothea aber mit „Turmhaft" für den Fall, dass sie ihr Vermögen aus der Reichsstadt schafft.

Das Ganze ist ein Riesenskandal, doch Dorothea ist keine Frau, die sich einschüchtern lässt. Sie weiß genau, wie politisch brisant ihre

„Zu ihrem Erbe gehörte das Landauer'sche Schloss in Wolkersdorf, dorthin zog sie bei Nacht und Nebel mit ihren Söhnen."

Flucht ausgerechnet nach Wolkersdorf ist. „Es gehörte zur Markgrafschaft Ansbach, die schon immer ein Erzrivale der Reichsstadt Nürnberg war", erklärt Sabine Weigand. Das Schloss ist mit einem Öffnungsrecht für Nürnberg belegt. Im Falle eines Krieges hätten es nicht die Markgrafen, sondern die Nürnberger militärisch nutzen dürfen. Dorothea weiß, dass das Öffnungsrecht ihr gefährlich werden kann. „Weil sie nicht wollte, dass die Nürnberger kommen, um sie mit Gewalt zurückzuholen, ließ sie sich von den Ansbacher Markgrafen einen Schutzbrief ausstellen und machte sich zu deren Untertanin", erklärt die Buchautorin.

Um ihre grauenvolle Ehe ganz offiziell zu beenden, wendet sich Dorothea 1517 an das geistliche Gericht in Bamberg – nicht ohne sich vorher einen Anwalt genommen zu haben: Martin Glück war zuvor wegen dienstlicher Verfehlungen seines Amtes als Gerichtsprokurator enthoben worden. Doch sein juristischer Beistand im Rechtsstreit mit Wilhelm Haller bringt Dorothea, die bald auch seine Geliebte wird, den gewünschten Erfolg. Dorothea und ihr neuer Lebensgefährte setzen in Bamberg durch, dass die Ehe geschieden wird.

„Annulliert wurden damals viele Ehen, das war im Adel und bei den Patriziern üblich und die Kirche machte da gerne mit", erläutert Sabine Weigand. Wenn die Trauung mit einer neuen Frau erfolgversprechender scheint, wird die alte Ehe flugs annulliert. „Doch Gewalt in der Ehe als Grund für eine Annullierung hätte wohl nicht gezogen. Und Dorothea hätte das auch nicht gereicht, sie wollte einen richtigen Schlussstrich." Nach der Scheidung kann sie zwar nicht mehr heiraten, aber das ist ihr egal. Für sie ist die Liebschaft mit Martin Glück völlig in Ordnung.

Dass Dorothea, die sich auf Schloss Wolkersdorf wieder Landauerin nennt, den zwei Jahre währenden Streit durchzieht, ist außergewöhnlich. „Wie sie sich vor dem geistlichen Gericht in Bamberg durchsetzte, ist mir ein Rätsel", sagt Sabine Weigand. Wilhelm Haller verklagt seine Ex-Frau sogar auf Unterhalt, unterliegt damit jedoch und gibt sich in der feinen Nürnberger Gesellschaft eine ziemliche Blöße. „Weil er weiterhin an Dorotheas Geld wollte, liegt die Vermutung nahe, dass seine reiche Familie nicht mehr hinter dem verschwendungssüchtigen Wilhelm stand, der sie vor der ganzen Stadtgesellschaft bloßgestellt hatte."

„Wie sie sich vor dem geistlichen Gericht in Bamberg durchsetzte, ist mir ein Rätsel."

Elf Jahre lebt Dorothea Landauerin noch bis zu ihrem Tod in Wolkersdorf. Vielleicht hat die Schwabacher Gesellschaft die ungewöhnlich selbstständige Frau in ihre Kreise aufgenommen, „darauf lässt zumindest die prominente Beisetzung Dorotheas in der Schwabacher Stadtkirche schließen", meint Sabine Weigand. „Sie trat heraus aus der Rolle, die der Frau in der damaligen Zeit zugewiesen wurde. Sie agierte enorm selbstbewusst und taktisch. Hatte ihren eigenen Kopf und lehnte sich gegen die Regeln der frühen Neuzeit auf, die Frauen keinerlei Spielräume ließen." Ob ihr Verhalten feministisch motiviert war, sei fraglich, aber sie habe sich als einen Menschen gesehen, der Rechte hat und sich nicht alles gefallen lassen muss. Dorothea Landauerin setzte sich über Grenzen hinweg und hatte dafür keine Vorbilder. Weigand: „Deshalb ist sie für mich aus feministischer Sicht selber zu einem Vorbild geworden."

> *„Sie trat heraus aus der Rolle, die der Frau in der damaligen Zeit zugewiesen wurde. Sie agierte enorm selbstbewusst und taktisch."*

Ute Möller

....
Erinnerungsort:

Das Schreyer-Landauer'sche Gedächtnis-Epitaph am Ostchor der Sebalduskirche in Nürnberg schuf Adam Kraft 1492. In der rechten Zone sieht man Vater Matthäus Landauer und Mutter Helena, darunter Dorothea Landauerin. Zum Zeitpunkt der Darstellung ist sie etwa 11 Jahre alt.

VON NÜRNBERG NACH BERLIN

Die große Liebe der Tucher-Tochter

*S*ie will sie dem Vergessen entreißen: Die Nürnbergerin Gabi Stauß findet, dass Marie Helena Susanna Hegel, Nürnberger Patriziertochter und Ehefrau des berühmten Philosophen Georg Wilhelm Friedrich Hegel (1770-1831), in die Bedeutungslosigkeit abgesackt ist. Unverdientermaßen, denn Marie von Tucher-Hegel sei eine faszinierende Frau gewesen. Besonders berührend findet Gabi Stauß die innige Liebe, die Marie mit ihrem Gatten verband – obwohl der 20 Jahre älter war und aus einer ganz anderen Welt kam.

Marie Helena Susanna von Tucher wird in eine hochangesehene Nürnberger Familie geboren. Ihr Vater Jobst Tucher von Simmelsdorf (1762-1813) ist amtierender Bürgermeister, der Name Tucher klingt in Nürnberg wie Donnerhall, und selbstverständlich gehört man dem Patriziat an. Allein, die Zeiten sind unruhig, wie es Thomas Kernert in einem Beitrag des Bayerischen Rundfunks so treffend auf den Punkt bringt: „Nürnberg, bis vor Kurzem noch eine stolze und freie Reichsstadt, musste sich gerade unter dem Druck Napoleons mit der ungewohnten Rolle einer bayerischen Grenzstadt anfreunden, was vor allem den alten städtischen Eliten nicht schmeckte, bangten sie doch um ihren politischen und gesellschaftlichen Einfluss."

Inmitten dieser angespannten Stimmung kommt 1808 ein 38 Jahre alter Mann nach Nürnberg, der einmal Maries Ehemann werden wird: Georg Wilhelm Friedrich Hegel. Zum Direktor des Egidiengymnasiums ernannt, ist er als solcher äußerst angesehen. „Er war schnell ein Mitglied der Gesellschaft und ging auch gerne aus, aber er war wohl nicht gerade

Marie von Tucher-Hegel brachte ihrem Gatten, dem berühmten Philosophen Georg Wilhelm Friedrich Hegel, innige Liebe entgegen.

ein Adonis, beim Tanzen eher linkisch und unbeholfen, viele fanden außerdem, dass er komische Bücher schreibt", berichtet Gabi Stauß. All das stört die junge Marie von Tucher aber mitnichten, als sie ihn bei der reichen Kaufmannsfamilie Merkel kennenlernt und es sie, wie sie ihrer Mutter berichten wird, „wie der Blitz aus heiterem Himmel" trifft. Im April 1811 tut der nicht minder verliebte Hegel seine Heiratsabsichten kund und hält bei Maries Vater Jobst von Tucher um ihre Hand an. Ein Durchmarsch ist das nicht, Jobst von Tucher und auch seine Frau Susanna sind äußerst skeptisch, denn Hegel ist zwanzig Jahre älter als ihr blutjunges Töchterlein, nicht von Adel, Geld hat er auch nicht. Und außerdem: eine Fränkin und ein Schwabe! Geht das überhaupt zusammen? Damit nicht genug, hat Hegel auch noch einen vierjährigen unehelichen Sohn, der Ludwig Fischer (geb. 1807) heißt und mit seiner Mutter Christiana Charlotte (1778-1817) in Jena lebt. „Marie von Tucher war Upper Class, alteingesessenes Patriziat, der Vater kämpfte bis kurz zuvor noch für die Reichsstadt und dafür, dass Franken nicht an Bayern kommt. Und dann kommt so ein Schwabe, der immer pleite ist – da sind Eltern nicht begeistert", zeigt die Gästeführerin Verständnis, „andererseits war er als Gymnasialdirektor und Philosoph äußerst angesehen." Vor allem aber ist

„Marie von Tucher war Upper Class, alteingesessenes Patriziat, der Vater kämpfte bis kurz zuvor noch für die Reichsstadt und dafür, dass Franken nicht an Bayern kommt. Und dann kommt so ein Schwabe, der immer pleite ist – da sind Eltern nicht begeistert."

den Eltern das Glück der Tochter wichtig, die Beziehung zwischen Marie und ihrer Mutter scheint, wie sich anhand der über 200 und sehr vertrauensvollen Briefe erkennen lässt, ausgesprochen innig gewesen zu sein. Also geben Jobst und Susanne von Tucher ihr Einverständnis.

Am 15. September 1811 wird in der Heilig-Geist-Spitalkirche geheiratet, und das Glück des Paares hält an: Marie schwärmt in Briefen an ihre Mutter regelrecht von ihrem Gatten, er sei „von wunderbarer Güte" und „voller Respekt für andere". Das Glück der jungen Marie von Tucher-Hegel ist vollkommen, bis sie ein Schicksal ereilt, das sie mit vielen Frauen jener Zeit teilt und das unendliches Leid mit sich bringt: Ihr erstes Kind, Susanna Maria Louisa, stirbt ein paar Wochen nach der Geburt. Ein Jahr später, 1813, und dann wieder 1814 wird ihr mit den Söhnen Karl und Immanuel erneutes Mutterglück beschieden. Es folgen ausgefüllte Jahre in Nürnberg.

Als 1816 der Abschied von ihrer Heimatstadt naht – Hegel hat in Heidelberg eine Professur für Philosophie bekommen – schreibt ihr die Mutter, sie lasse ihre Tochter nur schweren Herzens ziehen. Zwei Jahre später wird Hegel an die Universität Berlin berufen. Marie traut sich kaum, der Mutter zu gestehen, dass sie künftig noch weiter weg sein werde. Ihr selbst fällt der Gedanke an den Umzug zwar schwer, ihrer Mutter berichtet sie aber auch, dass sie „mit wahrer Lust einräumt", sich „wie ein Kind über die größere Ordnung" zu freuen. „Die Hegels führten in Berlin am Kupfergraben ein beschauliches Leben, aber wie die vielen Weinrechnungen belegen, hatten sie viel Besuch", sagt Gabi Stauß. Freunde kommen, man diskutiert, tauscht Argumente aus, und die Herren unterhalten sich mitunter so leidenschaftlich, dass es schon auch mal etwas lauter zugeht. Zwischen den Eheleuten aber bleibt es harmonisch. Ihrer Mutter schreibt Marie: „Er bedankt sich immer fürs Essen und hat einen wunderbaren Geschmack für Parfüm." Hegel müsse, schlussfolgert Gabi Stauß, ein sehr aufmerksamer Ehemann gewesen sein.

Gabi Stauß vor dem ehemaligen Egidiengymnasium am Egidienberg. Das Ehepaar Hegel lebte einst im Obergeschoss des Gebäudes.

Und dann bringt eine Krankheit das Ende dieses großen Glücks: 1830/31 geht Berlin unter der Cholera in die Knie. Hegel erkrankt, übergibt sich immer wieder, Aufstehen ist unmöglich. Die Ärzte verordnen Senfteig, der über den ganzen Körper gestrichen werden soll, und Wickel mit Kamillensud. Obst und Salat darf er nicht essen, und seine Frau klagt in einem Brief: „Welche Not hat die Hausfrau mit dem Küchenzettel bei so wenig Auswahl und alles ist so teuer." Am 14.11.1831 stirbt der Philosoph.

Marie ist nun vierzig Jahre alt und Witwe. „Seine Freunde waren für sie da und standen ihr zur Seite", berichtet Gabi Stauß. Das schreibt Marie von Tucher-Hegel auch an ihre Mutter: „Freunde treten an seine Stelle, sie sind auch die Vormünder meiner Kinder, seine Freunde verlassen mich nicht."
Marie Hegel, geborene Tucher, heiratet nie wieder. Zu groß war wohl die Liebe zu ihrem Georg Wilhelm Friedrich, über den sie schreibt, wie dankbar sie dafür sei, dass sie „für würdig befunden wurde, seine Frau zu sein".

Eva-Maria Bast

....
Erinnerungsort:

An Marie von Tucher-Hegel erinnert das ehemalige Egidiengymnasium am Egidienberg. Das Ehepaar Hegel lebte im Obergeschoss der Schule.

NORIBERGAE,
In officina typographica Gerlachiana.

Die Druckereisignatur der Katharina Gerlach.

Ein Herz für die Druckkunst

Geschick und musikalisches Gespür

Hedwig Schouten hätte sie gerne gekannt. Gewusst, wie sie als Mensch ist. Und wie sie es schaffte, in den Grenzen, die das 16. Jahrhundert ihr auferlegte, zu einer eigenen Firma zu kommen. Wie sie sich einen Ruf und einen Namen erarbeiten und zu einer bedeutenden Persönlichkeit werden konnte: Die Rede ist von Katharina Gerlach, die drei Mal verheiratet war, in über 300 Büchern als Druckerin genannt ist und sich mit dem Verlegen der Werke zeitgenössischer italienischer Komponisten ein Alleinstellungsmerkmal schuf.

Über die Kindheit der Katharina Gerlach, geborene Bischoff, ist nichts bekannt, auch nicht, ob sie eine Schule besuchte. „Das erste Mal, dass ihr Name dokumentiert ist, war 1536, als sie den Fuhrmann Nicolas Schmid geheiratet hat", sagt Hedwig Schouten. „Man geht davon aus, dass sie um 1520 geboren ist, dann wäre sie bei der Hochzeit 16 Jahre alt gewesen", rechnet die Gleichstellungsbeauftragte der Stadt Nürnberg vor. „Für unsere Zeit erscheint es sehr jung, mit 16 Jahren zu heiraten, aber damals war das ganz normal." Das Paar bekommt eine Tochter, die den Vornamen der Mutter erhält. Gemeinsam mit ihrem Ehemann kauft Katharina Gerlach ein Haus bei der Kalkhütte, „wir wissen aber nicht genau, wo das war". 1540 stirbt ihr Mann, gerade mal zwanzig ist die junge Mutter und schon Witwe.

Bereits ein Jahr später heiratet sie erneut: den Buchdruckermeister und Formenschneider Johann von Berg (gest.1563) aus Gent, der fortan mit ihr in dem Haus lebt, das sie mit in die Ehe gebracht hat. „Dort haben die beiden dann die Druckerei eingerichtet, und wir können davon ausgehen, dass sie dort auch mitgearbeitet hat", sagt Hedwig Schouten. „Denn in der frühen Neuzeit konnten Handwerksbetriebe nur dann erfolgreich sein, wenn neben dem Meister auch die Frau geholfen hat." Katharina Talkner hat sich in einem Aufsatz über Katharina Gerlach damit beschäftigt, welche Arbeiten Frauen in dieser Branche wohl zufielen: „Mögliche Aufgaben in einer Buchdruckerei waren die Auswahl der zu publizierenden Werke, das Anfeuchten, Einspannen, Aufhängen und Stapeln des Papiers oder (wenn die Frau gut lesen konnte) das Setzen des Textes und das Korrekturlesen", schreibt sie und führt aus: „Da die Ehefrau aber auch für die Pflege der Kinder, die Versorgung des Haushalts sowie die Verpflegung der Familie und Angestellten verantwortlich war und der Volksglaube in menstruierenden Frauen eine Gefahr für technische Prozesse und Geräte sah, war ihre Mitarbeit in der Werkstatt nicht kontinuierlich."

1545 wird auch in dieser Ehe eine Tochter geboren: Veronika. Katharinas zweiter Gatte verstirbt im Jahr 1563. „Und dann wird es interessant", findet Hedwig Schouten. „1564, also ein Jahr nach seinem

> *„In der frühen Neuzeit konnten Handwerksbetriebe nur dann erfolgreich sein, wenn neben dem Meister auch die Frau geholfen hat."*

Tod, ist sie das erste Mal im sogenannten *Nürnberger Ämterbücherlein* erwähnt – als Druckerin und Eigentümerin der Firma." 1565 heiratet Katharina zum dritten Mal: Der Auserwählte ist ihr Angestellter Dietrich Gerlach (gest.1575). „Und da ist sie wieder rausgeflogen aus dem Ämterbüchlein, weil dann wieder ein Mann an ihrer Seite und damit auch in der Druckerei war", bringt es Hedwig Schouten auf den Punkt, „das finde ich spannend aus heutiger Sicht." Sie vermutet, dass die Gesellschaft von Katharina eine erneute Eheschließung erwartete. „Aber die genauen Gründe für die Hochzeit werden wir nie erfahren. Nur als Witwe durften Frauen einen Handwerksbetrieb leiten, sie brauchten aller-

> *„Nur als Witwe durften Frauen einen Handwerksbetrieb leiten, sie brauchten allerdings einen männlichen Geschäftsführer."*

dings einen männlichen Geschäftsführer. So klingt es plausibel, dass die Ehe mit Gerlach eine Vernunftehe war, aber genau weiß man es nicht."

Dietrich Gerlach kann durch diese Eheschließung mit einer Meisterswitwe vom Gesellen zum Meister aufsteigen. Einen anderen Weg hätte es für ihn kaum gegeben, denn die Zünfte achteten streng darauf, dass sich die Anzahl der Handwerksmeister nicht vergrößerte, und daher waren die Möglichkeiten, Meister zu werden, begrenzt. Als auch ihr dritter Ehemann im August 1575 stirbt und sie erneut Witwe ist, „hat sie die Druckerei nach ihrem Gusto geführt. Als Buchdruckerin, aber auch als Verlegerin", berichtet Schouten.

Katharina Gerlach scheint durchaus ein gutes Händchen gehabt zu haben: 1579, ein Jahr nach Gründung der Altdorfer Akademie, an der wissenschaftliche Werke entstanden, eröffnet sie in Altdorf eine Zweigstelle, die sie bis 1585 führt. Auch ansonsten ist sie gut im Geschäft: Ihr Unternehmen ist eine der beiden offiziellen Druckereien des Nürnberger Stadtrats. „Das finde ich beeindruckend", sagt Hedwig Schouten. Katharina Talkner hat recherchiert, dass Katharina Gerlach „jährlich Erlasse mit teils für die damalige Zeit hohen Auflagen druckte, beispielsweise 200 Mandate vom Kurfürstentag im Jahr 1580".

„Für mich besonders wichtig war und ist, dass sie zusammen mit Gerlach ein Hauptaugenmerk auf Musikdrucke gelegt hat", sagt die

Gleichstellungsbeauftragte. „Besonders moderne italienische Musik hat sie verlegt und hatte damit ein Alleinstellungsmerkmal in Deutschland." Katharina Gerlach müsse deshalb auch eine gewisse Musikausbildung erhalten haben, überlegt Hedwig Schouten. „Aber ob sie diese als Kind bekam oder sich das Wissen im Laufe der Jahre erworben hat, ist unbekannt. Unbestritten ist, dass sie eine sehr gute musikalische Kompetenz hatte, und sehr wahrscheinlich konnte sie auch lesen. Sie hat vermutlich alle Aufgaben in der Druckerei erledigen können und dazu Haushalt, Kinderfürsorge und das Personal."

Katharina Talkner findet es „auffallend und ungewöhnlich für eine Frau des 16. Jahrhunderts", dass Katharina Gerlach so lange als Buchdruckerin wirkte: „Das *Nürnberger Ämterbüchlein* verzeichnet sie 16 Jahre lang als Verantwortliche für die Offizin Gerlach." Und: „Da keinerlei Selbstzeugnisse, nicht einmal Geschäftsbriefe, von Katharina Gerlach erhalten sind, fällt die Beurteilung schwer, ob sie eine Überzeugungstäterin im positiven Sinne war, die dem reformatorischen Gedankengut durch ihre Drucke zu weiter und bleibender Verbreitung verhelfen wollte, oder ob sie lediglich eine geschickte Geschäftsfrau war, die ein Gespür dafür hatte, welche Bücher sich gut verkaufen würden." Denn neben Kompositionen und den Aufträgen für die Stadt Nürnberg verlegte Katharina Gerlach zahlreiche reformatorische Werke. „Selbst wenn sie keine Überzeugungstäterin war, trugen die Drucke ihrer Werkstatt dazu bei, dass die Schriften und Lieder von Martin Luther, Johann Mathesius, Philipp

Hedwig Schouten findet es faszinierend, dass Katharina Gerlach auch für die Stadt Nürnberg gearbeitet hat.

Melanchthon, Veit Dietrich, Sebald Heyden und anderen von vielen Menschen rezipiert werden konnten." Katharina Gerlach müsse wirklich eine herausragende Persönlichkeit gewesen sein, sagt Hedwig Schouten: „Man kann leider nur erahnen was sie geleistet hat und wie sie als Mensch war. Sie muss wirklich auch Geschäftssinn gehabt haben, sehr tüchtig gewesen sein und eben Schreiben und Lesen gekonnt haben, das ginge gar nicht anders, sonst wäre sie nicht so weit gekommen. Im Rahmen ihrer Möglichkeiten hat sie immer versucht, etwas voranzubringen."

„Sie muss wirklich auch Geschäftssinn gehabt haben, sehr tüchtig gewesen sein und eben Schreiben und Lesen gekonnt haben, das ginge gar nicht anders, sonst wäre sie nicht so weit gekommen."

Eva-Maria Bast

....

Erinnerungsorte:

Die Egidienkirche, Egidienplatz 12. Katharina stand mit dem dortigen Kantor in enger Verbindung und stellte zahlreiche Musikdrucke unter anderem für die reformatorische Kirche her. Ein weiterer Erinnerungsort ist das Rathaus Wolff'scher Bau, da ihre Druckerei für den Stadtrat gedruckt hat.

FÜR DIE FRAUEN IN DIE POLITIK
Mutig und hoch dekoriert

„*P*olitik ist eine viel zu ernste Sache, als dass man sie allein den Männern überlassen könnte", sagte Käte Strobel einmal. Und genau deswegen überließ die mutige und engagierte Frau die Politik eben nicht den Männern – obwohl es in ihrer Familie bemerkenswerte politisch engagierte Männer gab. Käte Strobel gehörte dem ersten Deutschen Bundestag an und war lange Jahre Bundesministerin. Daniela Semann, die sich ausführlich mit Nürnbergs Frauen beschäftigt hat, findet diese Karriere beeindruckend. Vor allem, weil Käte Strobel sich während ihrer gesamten politischen Laufbahn für die Besserstellung der Frau einsetzte. Aber, sagt die Wirtschaftswissenschaftlerin, Käte Strobel habe sich in der Politik eben nicht auf die Frauenpolitik abdrängen lassen, sondern sich auch für den wirtschaftlichen und wissenschaftlichen Bereich stark gemacht. Auf Nürnberg, ihre Heimat, habe sie dabei stets ein besonderes Augenmerk gelegt.

Käte Strobel ist das, was man heute ein Sandwichkind nennen würde. Vor und nach ihr gibt es Geschwister, und zwar jede Menge: Sieben Kinder bekommen der Schuhmacher Fritz Müller und seine Gattin Anna, die bis zur Heirat ihren Lebensunterhalt als Köchin verdient. Käte ist das vierte Kind. Das Leben zu Hause ist einfach und es ist sozialdemokratisch geprägt. Der Vater wird später Gewerkschaftssekretär im Zentralverband der Schuhmacher und engagiert sich in der 1917 gegründeten Unabhängigen Sozialdemokratischen Partei Deutschlands (USPD). Die Familie lebt in der Arbeitersiedlung Gartenstadt.

Käte Strobel wollte die Politik nicht den Männern überlassen.

Nach einer entsprechenden Ausbildung arbeitet Käte als kaufmännische Angestellte und später als Buchhalterin beim Bayerischen Landesverband für Obst- und Gartenbau. Mitglied der SPD ist sie seit ihrem 18. Lebensjahr. 1928 heiratet sie den Schriftsetzer und späteren Buchdruckermeister Hans Strobel. Wie der Vater, der inzwischen in den Stadtrat gewählt wurde, ist der Gatte ebenfalls für die Sozialdemokratie in der Politik engagiert. Und auch Käte ist politisch aktiv: Seit ihrem 14. Lebensjahr 1921 ist sie Mitglied in der Sozialistischen Jugendbewegung, ab 1924 gehört sie der laienpädagogischen Kinderfreundebewegung an, die der Sozialistischen Arbeiterjugend nahesteht. 1932 steigt sie als 25-Jährige zum Mitglied des Reichsvorstandes auf und behält diese Funktion bis zum Verbot der SPD durch die Nationalsozialisten im Juni 1933.

„Als die Nationalsozialisten die Macht ergriffen, veränderte sich Käte Strobels Leben komplett", unterstreicht Daniela Semann. Die SPD wird verboten, Kätes Mann 1934 wegen Vorbereitung des Hochverrats verurteilt und für zweieinhalb Jahre im KZ Dachau interniert. 1938 und 1941 dann ein bisschen Familienglück, Käte Strobel schenkt zwei Töchtern, Traudel und Ilse, das Leben.

„Als die Nationalsozialisten die Macht ergriffen, veränderte sich Käte Strobels Leben komplett."

„Da ihr Mann in ein Strafbataillon musste und in jugoslawische Kriegsgefangenschaft geriet, musste sie die Kinder lange Zeit alleine durchbringen", schildert Daniela Semann Kätes Situation während des Zweiten Weltkriegs.

Erst 1946 kehrt Hans heim. Er findet seine Frau schwer beschäftigt vor: Sie ist damit befasst, die SPD in Franken und Bayern wiederaufzubauen, wird stellvertretende Vorsitzende des Bezirksverbands Franken der SPD und Mitglied im Landesausschuss der Bayern-SPD. „Auch hier zeigte sich wieder, wie sehr ihr die Frauen immer am Herzen lagen, denn ab 1946 war sie Vorsitzende der SPD-Frauengruppe in Franken", erzählt Daniela Semann.

Und dann beginnt Käte Strobels große Laufbahn in der Bundespolitik. 1949 wird sie als 42-Jährige Mitglied des ersten Deutschen Bundestages und hat dieses Mandat bis 1972 inne. Von 1958 an gehört sie neun Jahre lang auch dem Europaparlament an – ein solches Doppelmandat war bis 2004 möglich –, dessen Vizepräsidentin sie in den Jahren 1962 bis 1964 ist. Anschließend ist sie für drei Jahre Vorsitzende der Sozialistischen Fraktion im Europaparlament. Dann, am 1. Dezember 1966, beginnt ihre Tätigkeit als Bundesministerin für Gesundheitswesen unter Bundeskanzler Kurt Georg Kiesinger (1904-1988) auf der Grundlage einer Großen Koalition von CDU/CSU und SPD. „Auch hier lagen ihr die Belange der Frauen sehr am Herzen", sagt Daniela Semann, „unter anderem hat sie sich für die sexuelle Aufklärung stark gemacht und einen Sexualkunde-Atlas auf wissenschaftlicher Basis herausgegeben. Das war stark umstritten, sie musste sehr darum kämpfen."

1969 wird Käte Strobel in der sozialliberalen Regierung unter Willy Brandt (1913-1992) erneut Bundesministerin, diesmal für Jugend, Familie und Gesundheit, ein Amt, das sie bis zur Bundestagswahl 1972 innehat. 1970 macht sie noch von sich reden, als sie sich rege an der Diskussion um eine neue Frauenrolle beteiligt und die „Emanzipation des Einzelnen" als Ziel ihrer Familienpolitik nennt.

Daniela Semann vor dem Rathaus, in dem Käte Strobel lange Jahre wirkte. In ihrer Hand hält sie die Vergrößerung einer Briefmarke, auf der Käte Strobel abgebildet ist.

„Ihr Leben war geprägt von einem außerordentlichen Engagement auf Bundes- und Europaebene", fasst Daniela Semann zusammen. „Und als sie wieder nach Nürnberg zurückkam, hat sie sich nicht auf ihr Altenteil zurückgezogen, sondern ist nochmal in die Kommunalpolitik gegangen und hat ihre Kraft in den Dienst der Stadt gestellt."

Für ihr großes Engagement zollt man ihr Ehre und Respekt: Schon

121

1962 erhält Käte Strobel den Bayerischen Verdienstorden, 1969 folgt das Große Verdienstkreuz mit Stern und 1972 das Große Verdienstkreuz mit Stern und Schulterband. „Die schönste Auszeichnung für sie war aber vermutlich, dass ihr 1980 die Ehrenbürgerwürde der Stadt Nürnberg verliehen wurde. Und zwar als erster und bis 2014 einziger Frau." Die bis dato einzige Ehrenbürgerin zu sein, ist ihr dabei aber nicht das Wichtigste, im Gegenteil. „Sie sagte damals, dass sich unzählige Frauen auf allen Ebenen in Nürnberg eingesetzt haben und dass sie diese Auszeichnung deshalb stellvertretend für alle Frauen in unserer Stadt annehme", erzählt Semann.

„Die schönste Auszeichnung für sie war aber vermutlich, dass ihr 1980 die Ehrenbürgerwürde der Stadt Nürnberg verliehen wurde. Und zwar als erster und bis 2014 einziger Frau."

Und damit wurden durch Käte Strobel alle Nürnbergerinnen zu Ehrenbürgerinnen. Irgendwie.

Eva-Maria Bast

....

Erinnerungsorte:

Zwischen dem Hauptbahnhof und dem Willy-Brandt-Platz verläuft die Käte-Strobel-Straße. Außerdem gibt es in Gummersbach-Oberrengse den Käte-Strobel-Wanderweg.

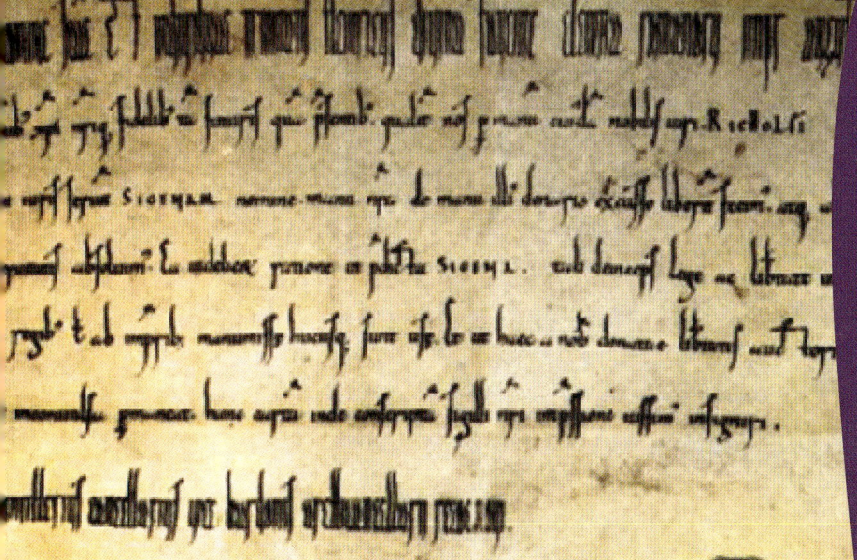

Die Urkunde aus dem 11. Jahrhundert auf der Sigena erwähnt wird.

AUF DER URKUNDE DES KÖNIGS

Der Weg in die Freiheit

Am Anfang der Menschheitsgeschichte stand dem Alten Testament zufolge bekanntlich ein Mann: Adam. Weil er aber im Paradies gar zu einsam war, ließ Gott ihn in einen tiefen Schlaf fallen, entnahm ihm eine Rippe und formte daraus seine Frau: Eva. So wird es im *Alten Testament* in der *Genesis* berichtet. Am Anfang der urkundlich belegten Nürnberger Geschichte hingegen steht eine Frau: Sigena.

In jener Zeit, in der Sigena lebt und auf einer königlichen Urkunde erwähnt wird, ist die hochmittelalterliche Gesellschaft streng gegliedert: Den wesentlich größeren Teil machen diejenigen aus, die für das Wohl der anderen sorgen. Sie sind unfrei und Eigentum ihrer Herren, haben kaum Rechte, heiraten dürfen sie bis ins 8. Jahrhundert nicht, wohl aber sich einen

Partner wählen, der zum gleichen Hof oder zum gleichen Haus gehört. Die anderen, das sind die Angehörigen des Adels und der Geistlichkeit sowie die Bürger der Städte.

Doch dann verändert sich die Situation: „Unter den Saliern begann der politische und gesellschaftliche Aufstieg vieler Unfreier zur Ministerialität. Bisher Unfreie, in zunehmendem Maß auch Frauen, die sich besonders bewährten, wurden vom König als Verwalter wichtiger Königsgüter eingesetzt. Sie stützten die Reichspolitik und stiegen dabei gesellschaftlich zu einer dem Adelsstand angenäherten Gruppe auf", erklärt Gabriele Wood in ihrem Aufsatz *Sigena – Vom Leben der Frauen in Nürnberg um 1050*.

> *„Bisher Unfreie, in zunehmendem Maß auch Frauen, die sich besonders bewährten, wurden vom König als Verwalter wichtiger Königsgüter eingesetzt."*

In dem sehr aufschlussreichen Text beschreibt sie die Aufgaben der leibeigenen Frauen in jener Zeit: Bier brauen, Getreide mahlen, Brot backen, Vieh und Stall versorgen, Beeren sammeln, Gemüse ernten, Kerzen, Seifen, Tongefäße und Textilien herstellen und vieles mehr. All diese Tätigkeiten wird auch Sigena ausgeübt haben. Eine Frau, die eine Unfreie, eine Leibeigene, ist und somit der alleruntersten Gesellschaftsschicht angehört. Ausgerechnet sie schafft es, dass ihr Name auf einer Urkunde vom 16. Juli 1050 zu finden ist, in der Nürnberg zum ersten Mal als *Norenberc* urkundlich erwähnt ist. Warum?

Am 16. Juli 1050 weilt der deutsche König, Kaiser Heinrich III. (1017-1056), in „Norenberc". Es wird über die Ungarnpolitik beraten und einige rechtliche Angelegenheiten werden geregelt. Zu diesen rechtlichen Angelegenheiten gehört Sigenas Freilassung aus der Leibeigenschaft, die dergestalt erfolgt, dass der Kaiser Sigena – oder ihrem Vormund und Heiratsanwärter Richolf – eine Münze aus der Hand schlägt. „Mit dieser symbolischen Handlung [...], dem Schatzwurf, wurde Sigena vom ‚Joch der Hörigkeit' gelöst [...]", schreibt Gabriele Wood. Als Grund für diese Freilassung wird in der Geschichtsschreibung immer wieder gemutmaßt, dass sie erfolgte, damit Sigena die Ehefrau des Adeligen Richolf und die Mutter seiner Kinder werden könne.

Gabriele Wood zweifelt das an und vermutet: „Sigena war keine einfache Magd." Bei ihrer Freilassung, glaubt die Autorin, habe sie möglicherweise selbst eine aktive Rolle gehabt. „Eine Heiratsabsicht allein oder besondere Verdienste des Richolf ergäben kein hinreichendes Motiv für Sigenas Freilassung. Sigena war zwar unfrei, könnte aber bereits eine gehobene Stellung in einer Siedlung oder einem Königshof gehabt haben. Es muß sich um mehr gehandelt haben als um die Befreiung von der Leibeigenarbeitspflicht." Sicher sei, dass der König damals „besonders fähige Leute zur Verwaltung und Bewirtschaftung seiner Königsgüter suchte und einsetzte". Auch Frauen. Auch Sigena? Gabriele Wood: „Durch ihre Freilassung erreichte Sigena die zu dieser Zeit sozial aufsteigende Schicht der Ministerialen, was einer Nobilitierung gleichkam und den persönlichen Schutz des Königs, die Königsmunt, auslöste."

So wenig über diese Nürnbergerin aus dem 11. Jahrhundert auch bekannt ist – fest steht: „Es war der Beginn der Nürnberger Stadtgeschichte und gleichzeitig für viele unfreie Frauen der Übergang vom ‚Joch der Hörigkeit' zur stadtbürgerlichen Freiheit mit ihren enormen rechtlichen, gesellschaftlichen und wirtschaftlichen Möglichkeiten." Denn „Stadtluft macht frei" – Heinrich III. hatte *Norenberc* wohl um 1040 das Marktrecht verliehen. Sigena und andere Frauen, so die Autorin, hätten am geschichtlichen Werden Nürnbergs einen unbestreitbaren Anteil gehabt.

Eva-Maria Bast

....
Erinnerungsorte:

Seit 1958 gibt es das Sigena-Gymnasium, es steht in der Gibitzenhofstraße 135. Außerdem ist im Nürnberger Süden eine Straße nach ihr benannt. Sie verläuft zwischen Parsifalstraße, Lohengrinstraße und Walkürenstraße.

DIE SAMMLERIN
Sie setzt dem Spielzeug ein Denkmal

Ihre Sammelleidenschaft hinterlässt bis heute Spuren: Lydia Bayer hat das Spielzeugmuseum in Nürnberg gegründet – und damit der heiteren Seite der Stadtgeschichte ein Denkmal gesetzt. Honoratioren? Nein danke: Als am 5. Februar 1971, gerade noch rechtzeitig vor dem Ende der Spielzeugmesse, das erste städtische Spielzeugmuseum der Bundesrepublik eröffnet wird, treffen sich nicht etwa Vertreter aus Politik und Gesellschaft zu einer feierlichen Einweihung. Stattdessen entern zu Ehren der neuen Attraktion eintausend Kinder Nürnbergs gute Stube. Mit Ratschen, Trommeln und Tröten veranstalten sie einen Höllenlärm auf dem Hauptmarkt – und erobern anschließend das Gebäude in der Karlstraße, das mit seinen vielen hinter Glas gelagerten Schätzen eigentlich so gar nicht für Kinder gemacht ist. „Berühren unmöglich", urteilen die Kritiker.

Viele Journalisten sind aber auch des Lobes voll für das neue Haus, Besucher schwärmen von einem „wundervollen Spaziergang in die Kindheit". Und auch wenn die Feier vielleicht nicht ganz nach ihrem Geschmack ist, weil sie sich eine klassische Einweihung gewünscht hätte: Für Lydia Bayer ist dieser 5. Februar ein glücklicher Tag, der Tag, auf den sie lange hingearbeitet hat und an dem sie endlich die von ihrer Familie über Jahrzehnte angehäuften Exponate in einem angemessenen Rahmen präsentieren kann.

Als sie am 22. Mai 1929 als Tochter des Ingenieurs Paul Bayer und dessen Ehefrau Lydia in Würzburg geboren wird, da wird ihr die Sammelleidenschaft quasi in die Wiege gelegt. Vor allem die Mutter hat ein Herz für Spielzeug und nimmt ihre Tochter in Antiquitäten- und Trödelläden mit. 1933 zieht die

Lydia Bayer hat dem Spielzeugmuseum ihr Leben gewidmet.

Familie nach Nürnberg, wo Paul Bayer Generaldirektor der Städtischen Werke wird. Hier kann seine Frau aus dem Vollen schöpfen, in den 1930er-Jahren gibt es immerhin 225 größere und kleinere Spielzeughersteller in der Stadt. Die Sammlung wächst weiter und übersteht den Krieg nahezu unbeschadet, weil die Bayers sie ins Umland auslagern.

Aus der Sicht von Karin Falkenberg steht Lydia Bayer für die verspielte Seite der Stadtgeschichte.

Wie aufwendig das Sammlerdasein ist, wie viel Leidenschaft in diesem Hobby steckt, das lernt Lydia Bayer junior von klein auf. Auch ihr Bruder Paul, der mit nur 17 Jahren als Flakhelfer bei einem Bombenangriff im Zweiten Weltkrieg stirbt, ist bis zu seinem Tod dabei, wenn die Eltern mit Freunden über die jüngsten Anschaffungen fachsimpeln. Bei seiner Schwester wecken unter anderem diese Gespräche das Interesse am Spielzeug und dessen Historie. „Sie hat diese Leidenschaft von ihren Eltern übernommen", sagt Karin Falkenberg, die das Nürnberger Museum heute leitet.

Lydia Bayer studiert zunächst Theologie in Erlangen, später Kunstgeschichte in Würzburg – in einer Zeit, in der das Akademikerdasein für Frauen noch ungewöhnlich ist: Im Vordergrund steht die Rolle als Hausfrau und Mutter. Lydia Bayer dagegen strebt sogar einen Doktortitel an. Ihre Doktorarbeit trägt den Titel *Das europäische Puppenhaus von 1550 - 1800. Geschichte und Formen, ein Spiegelbild der gleichzeitigen Wohnkultur*. Das bringt ihr später den Spitznamen „Die

Puppenmutti" ein. Ihren Fähigkeiten als Wissenschaftlerin wird dieser harmlos klingende Kosename aus Sicht ihrer Nachfolgerin nicht gerecht. Sie sei eine der Ersten gewesen, die die kulturhistorische Bedeutung des Spielzeugs erkannt haben, sagt Falkenberg: „Auf ihrem Gebiet war sie Pionierin."

Pionierin ist sie auch in anderer Hinsicht, denn gemeinsam mit ihrer Mutter verfolgt sie das Projekt eines eigenen Museums mit großer Leidenschaft. In Erfüllung geht dieser Traum aber erst ein Jahr nach dem Tod von Lydia Bayer senior: In der Würzburger Innenstadt – Paul Bayer hatte dort 1950 die Leitung der Stadtwerke übernommen – eröffnet die Tochter mit ihrem Vater 1962 eine erste Ausstellung im Erdgeschoss des gemeinsamen Wohnhauses. „In Würzburg hatte sie sich ihr persönliches kleines Spielzeug-Museum gebastelt", sagt Falkenberg, die an ihrer Vorvorgängerin auch die Mischung konträrer Wesenszüge bewundert. „Sie war einerseits eine präzise Wissenschaftlerin, hatte gleichzeitig aber auch noch eine fast kindliche Begeisterung für ihre Sammelobjekte."

> *„Sie war einerseits eine präzise Wissenschaftlerin, hatte gleichzeitig aber auch noch eine fast kindliche Begeisterung für ihre Sammelobjekte."*

Was sich laut Karin Falkenberg zum Beispiel daran zeigte, dass sie die ersten Einnahmen aus dem Verkauf der Eintrittskarten in einer Spielzeuggeldbörse aufbewahrt hat.

Auf den gerade mal gut 100 Quadratmetern der neuen Einrichtung kann allerdings nur ein Teil der Sammlung präsentiert werden. Zudem kämpft das kleine Museum von Anfang an ums Überleben, denn es finanziert sich zunächst nur aus den Eintrittsgeldern und privaten Investitionen Paul Bayers. Später hilft ein Förderverein, hinzu kommen Einnahmen aus einem Museumsladen. Doch auch damit kann die Ausstellung auf Dauer nicht überleben.

Deshalb kommt die Anfrage des Nürnberger Kulturreferenten Hermann Glaser, der in der Stadt mit ihrer jahrhundertelangen Tradition in der Spielwarenproduktion ohnehin ein Museum zum Thema eröffnen wollte, gerade recht. Heute würde man es wohl eine Win-win-Situation nennen: Hier die Kommune, die zwar die Idee entwickelt hatte, aber nicht über die nötigen Exponate verfügte, dort die Familie, die ihren Traum mit privaten Mitteln auf Dauer nicht verwirklichen konnte.

Schon wenige Tage nach den ersten Gesprächen im Februar 1965 bringt Lydia Bayer ihre „Gedanken zu einem Spielzeugmuseum der Stadt Nürnberg" zu Papier. Dieses Konzept sei nichts anderes als ein Empfehlungsschreiben in eigener Sache gewesen, schreiben Helmut Schwarz und Marion Faber in ihrer Dokumentation *Spielräume*, die sich mit der Entstehung des Museums befasst. Lydia Bayer wird Gründungsdirektorin und kann 1971 die Eröffnung feiern. Dass neben hochwertigem, seltenen Nürnberger

„Alltagsobjekte waren plötz- Spielzeug auch zahlreiche beschmuste
lich museumstauglich." Puppen und abgeliebte Teddybären in Vitrinen zu sehen waren, sei damals revolutionär gewesen, sagt Karin Falkenberg. „Alltagsobjekte waren plötzlich museumstauglich."

In der Spielzeugstadt Nürnberg trifft das neue Haus, trotz einiger Kritik in den Medien, einen Nerv. Schon ein Jahr nach der Eröffnung kann Lydia Bayer den 100.000sten Besucher begrüßen. Für sie wird das Haus in der Karlstraße zur Lebensaufgabe. Dank ihrer Sammelleidenschaft wachsen die Bestände weiter. Um die Einrichtung bekannt zu machen und die Sammlung zu erweitern, knüpft die Gründungsdirektorin nationale und internationale Kontakte. Auf der Spielwarenmesse ist sie Dauergast, sie klappert aber auch weiterhin Trödel- und Antiquitätenmärkte in ganz Deutschland ab. „Das Spielzeugmuseum war ihr Werk, ihre Liebe, ihr Leben", sagt Hildegard Höllerzeder, die mit Lydia Bayer befreundet war. Beim „Betteln" für „ihr" Museum sei sie sehr erfolgreich gewesen.

In der Albrecht-Dürer-Stube der Familie Höllerzeder ist Bayer drei Jahrzehnte lang ein „sehr gern gesehener liebenswürdiger" Stammgast, von den Gästen wird die „blitzgescheite, sehr disziplinierte und belesene Frau", wie Höllerzeder sie bezeichnet, regelrecht hofiert. Dabei macht Lydia Bayer um sich selbst wenig Aufhebens. Die Haare trägt sie stets zum Dutt frisiert, ihre Kleidung ist schlicht. Zu ihrem Markenzeichen wird eine rote, von ihr selbst bestickte Gobelintasche, die sie stets bei sich trägt und in der auch das ein oder andere „Beutestück" verstaut wird – heute lagert sie im Depot des Museums. „Legendär ist ihre Hartnäckigkeit und die hohe Kunst der Überredung, wenn es darum ging, zögerlichen Privatleuten oder Sammlern wertvolle Stücke zu entlocken", schreibt Helmut Schwarz, der ihr als Museumsdirektor nachfolgte. Es sei ihrem Engagement zu verdanken, dass sich das Haus rasch zu einem international beachteten Projekt entwickelte.

1980 kommen bereits 200.000 Besucher, neun Jahre später wird der Erweiterungsbau eröffnet. Bis 1994 führt Lydia Bayer hier noch Regie, auch im Ruhestand ist sie häufig präsent. Das Museum ist für die alleinstehende Frau auch Familienersatz. Statt Geburtstagsgeschenken erbittet sie Spenden für die Institution, mit der sie quasi verheiratet ist und der sie auch all ihre Besitztümer vermacht. Drei Tage vor ihrem Tod am 3. Juni 2000 wird Lydia noch mit der Bürgermedaille geehrt. Ihrer Wahlheimat hinterlässt sie nicht nur ihre Sammlung, sondern ein Haus, das aus der Sicht von Karin Falkenberg „für die verspielte Seite der Stadtgeschichte" steht. Ein Vergleich, der der stets fröhlichen Frau vermutlich gefallen hätte.

„Die verspielte Seite der Stadtgeschichte."

Silke Roennefahrt

....

Erinnerungsort:

Spielzeugmuseum Nürnberg, Karlstraße 13-15.

SCHICKSALSJAHRE EINER ERBIN
Mehr Glück oder mehr Unglück?

*A*n wie vielen Gräbern musste diese Frau stehen, bevor sie selbst endlich gehen durfte! Denn manches Mal hat sie sich den Tod gewünscht, die vierfache Witwe und verwaiste Mutter, die obendrein die eigene Mutter viel zu früh verlor. Die Kunsthistorikerin Claudia Maué ist im Rahmen ihrer Arbeit an einem Katalog der Skulpturen des Barock im Germanischen Nationalmuseum Nürnberg auf ein Wachsbildnis der Anna Maria Eiser aufmerksam geworden – und war von deren wechselvollem Leben gleichermaßen betroffen wie berührt.

Anna Maria wird als Tochter des erfolgreichen Nürnberger Kaufmanns und Angehörigen des Großen Raths, Paulus Heugel, geboren. In einem Alter, in dem andere Frauen einen eigenen Hausstand gründen und Kinder bekommen, wird Anna Maria zur Ersatzmutter für ihre neun jüngeren Geschwister, fünf Jungen und vier Mädchen: „Ihre Mutter starb am 18. Oktober 1625", erläutert Claudia Maué. Selbst fromm erzogen, sei sie ihren Geschwistern ein Vorbild der Frömmigkeit gewesen, zum Beispiel im Beten der Psalmen, heißt es in der Leichenpredigt für Frau Anna Maria, gehalten am 28. Februar 1664. Nach dem Tod ihrer Mutter steht sie dem Hauswesen vor, von Vater und Geschwistern geliebt und respektiert. Und noch jemand anderes beginnt sie in jener Zeit zu lieben und zu respektieren: ein Freund ihres Vaters, Johann Eiser (1565-1638). Der einstige Zuckerbäcker ist durch geschickte Beteiligungen und Investitionen zu einem der reichsten Männer der Stadt aufgestiegen.

Dass Geld allein nicht glücklich macht, musste Anna Maria Eiser in ihrem Leben bitter erfahren.

Eiser ist beeindruckt von ihrer Freundlichkeit und der umsichtigen Art, wie sie den Haushalt führt, und so hält er bei ihrem Vater um ihre Hand an. Bei der Hochzeit am 18. November 1626, ein gutes Jahr nach dem Tod der Mutter also, ist Anna Maria 21 Jahre alt, ihr Gatte hingegen bereits 61. Elf Jahre und acht Monate dauert die Ehe, Kinder sind den beiden nicht beschieden. Als Johann Eiser am 16. Juli 1638 stirbt, macht er sie zur Alleinerbin seines beträchtlichen Vermögens. Anna Maria ist 33 Jahre alt, Witwe und eine schwerreiche Frau.

Doch allein wird sie nicht lange bleiben: Nur ein halbes Jahr nach Johanns Tod heiratet sie am 14. Januar 1639 den Juristen Jobst Schmidmayer von Schwarzenbruck (1611-1647). Die Ehe scheint glücklich und von großer Zärtlichkeit geprägt zu sein, Jobst nennt seine Gattin „mein liebstes Milein". Und nun wird Anna Maria doch noch Mutter: Ihrer kleinen Tochter gibt sie ihren Vornamen, Anna Maria, nun scheint das Glück perfekt und das Leben endlich in den richtigen Bahnen. „Doch das Glück dauerte nur 17 Wochen an, dann starb das kleine Mädchen. Den Schmerz, den Anna Maria und ihr Mann ertragen mussten, kann man sich kaum vorstellen", sagt Claudia Maué.

„Doch das Glück dauert nur 17 Wochen an, dann starb das kleine Mädchen. Den Schmerz, den Anna Maria und ihr Mann ertragen mussten, kann man sich kaum vorstellen."

Zumindest ein bisschen Trost finden die beiden in der Literatur: Jobst ist ein großer Förderer der Nürnberger Sprachgesellschaft „Pegnesischer Blumenorden" und unterstützt hier im Besonderen den Dichter Johann Klaj (um 1616-1656). Als selbiger 1642 wegen der Wirren des Dreißigjährigen Krieges aus Jena fliehen muss, nimmt Jobst ihn in seinem Hause auf. Aber nicht nur Jobst, auch Anna Maria hat eine enge Bindung zu den Mitgliedern des Literaturzirkels, auch nach dem Tod ihres Gatten veranstaltet sie in ihrem Haus eine Art Salon, in dem die Mitglieder des Ordens sich treffen, gemeinsam dichten und über ihre Arbeiten diskutieren.

Als Jobst im Jahr 1647 stirbt, ist Anna Maria erneut am Boden zerstört. Sie will nur noch eins: ihm ins Jenseits nachfolgen und ebenfalls von dieser Erde scheiden. Doch sie muss am Leben bleiben – und in diesem Leben gibt es nicht nur Kummer und Schmerz, sondern auch noch andere Probleme: „Nach Schmidmayers Tod sah sich die vermögende Witwe offenbar so vielen Anforderungen und Widrigkeiten von Seiten der vormals vom Ehepaar ehemalig unterstützten Personen ausgesetzt, daß sie erwog, Teile ihres Vermögens in Stiftungen anzulegen", ist in ihrer Leichenpredigt zu lesen.

Nochmals verheiraten will sie sich eigentlich nicht, dazu ist ihre Liebe zu ihrem verstorbenen Gatten zu groß. Letztendlich entscheidet sie sich dreieinhalb Jahre nach dessen Tod aber doch, zu „besserer Vorstehung und Erhaltung ihres Hauswesens und Vermögens […] einen getreuen Beistand und Ehegatten" zu suchen. Die Wahl fällt auf den „Wohl Edel und gestrenge(n) Herrn Vincentz Eßig, der Königl. Majestät und der Cron Schweden bestellter Obristleutnant zu Pferd". Der hat ihr in den vergangenen anderthalb Jahren den Hof gemacht, respektive sich „zu unterschiedlichen Mahlen bei ihr ehelich beworben". Und am langen Ende willigt sie ein und gibt ihm am 10. Mai 1650 „im Beysein vieler Generalen, und anderer hoher Stands Personen in der heil.röm. Reichsstadt Nürnberg" das Ja-Wort. Das große Glück ihrer zweiten Ehe soll sie aber nicht wiederfinden: Ihr Gatte ist ständig krank, sie pflegt ihn, was sie ungemein viel Kraft kostet.

„Nach Schmidmayers Tod sah sich die vermögende Witwe offenbar so vielen Anforderungen und Widrigkeiten von Seiten der vormals vom Ehepaar ehemalig unterstützten Personen ausgesetzt, daß sie erwog, Teile ihres Vermögens in Stiftungen anzulegen."

Sieben Jahre später, am 13. Februar 1657, wird sie zum dritten Mal Witwe – und heiratet kurz darauf zum vierten Mal: den ebenfalls frisch verwitweten Schultheißen Burkhardt Löffelholz (1599-1675). Diese Ehe unter Verwitweten wird offenbar als Fügung angesehen. Jedenfalls wird Burkhardt Löffelholz später von den Dichtern des Pegnesischen Blumenordens als der „Wohl-Vermählte" bezeichnet. Ihm schreibt man die Verse zu:

Ich wäre wohl vermählt. / Zwo konnten mich erfreuen: / Die Eine hat gemehrt mein Edles Blut: / Die Andre / auch mein Gut.'

So ist es jedenfalls in dem Werk *Der Norische Metellus* zu lesen, das die Dichter des Pegnesischen Blumenordens ihrem verstorbenen Mitglied 1675 als „Löffelholzisches Ehrengedächtnis" widmeten. Daraus könne man schließen, dass Anna Marias Reichtum mit ein Motiv für diese Heirat gewesen ist.

Eine arme reiche Frau, die in ihrem Leben viel Schmerz, aber auch viel Liebe erfuhr, die aber vermutlich, wie das bei vielen berühmten oder reichen Menschen der Fall ist, nie wusste, ob die Zuneigung und Freundlichkeit Anderer nun ihr oder ihrem Reichtum galt.

Eva-Maria Bast

....

Erinnerungsort:

Anna Maria wurde im Grab ihres letzten Gemahls, Burkhardt Löffelholz, auf dem St. Johannisfriedhof I Nr. D27a. bestattet.

Helene Grünberg im Kreise ihrer Parteigenossen.

FÜR DIE FRAUENBEWEGUNG

Dienstmädchen lagen ihr am Herzen

Sie war eine der führenden Vertreterinnen der Frauenbewegung und die erste Arbeitersekretärin Deutschlands. Doch bislang erinnert in Nürnberg nur eine kleine Straße in Zerzabelshof an Helene Grünberg. „Viel zu wenig", findet das die SPD-Politikerin Kerstin Gardill, die sich zum 150-jährigen Jubiläum der SPD intensiv mit der prominenten Politikerin beschäftigt hat. „In meinen Augen war sie eine absolute Vorkämpferin für die Gleichberechtigung der Frauen", sagt Gardill. „Und sie war ihrer Zeit weit voraus."

Helene Grünberg kommt am 27. Juni 1874 in Berlin in einer Handwerkerfamilie zur Welt. Sie wächst im Deutschen Kaiserreich auf, das gerade mitten im Wandel vom Agrarland zum Industriestaat steckt. In den neu entstehenden Fabriken arbeiten von Anfang an auch zahlreiche Frauen. Meistens werden sie schlechter bezahlt als die Männer – und können sich kaum dagegen wehren. Ein Grund dafür ist das restriktive Vereinsgesetz aus dem Jahr 1850, das es Frauen verbietet, sich politischen Vereinigungen anzuschließen. Damit ist ihnen die Möglichkeit genommen, gemeinsam gegen diese Ungleichbehandlung anzugehen. Eine Regelung, für die Helene selbst deutliche Worte findet. Das Gesetz behandle Frauen wie „Unmündige und Idioten", schimpft die gelernte Schneiderin, die sich als junge Frau zunächst in Berlin im Verband der Schneiderinnen und Schneider engagiert. Schon mit 22 Jahren ist sie zudem im Frauen- und Mädchenbildungsverein Berlin aktiv, das ist eine sozialdemokratische Organisation, die sich als Bildungsverein tarnt, um dieses Vereinsgesetz zu umgehen.

Ihr Einsatz spricht sich offenbar herum, 1905 wird sie von Nürnberger Gewerkschaftern nach Franken geholt, um den Organisationsgrad unter den Frauen zu erhöhen. Der lässt nämlich zu wünschen übrig, obwohl rund 20 Prozent der Fabrikarbeiter weiblich sind. Als erste Arbeitersekretärin Deutschlands soll Helene Grünberg das ändern – und sie hat mit ihrer charismatischen Art schnell Erfolg. „Es gelang ihr immer wieder, mehrere hundert Frauen auf Veranstaltungen zu versammeln, auf denen sie die Hauptrednerin war", sagt Kerstin Gardill. „Sie war als Person sehr präsent." Schon zwei Jahre später hat sich die Zahl der organisierten Arbeiterinnen in Nürnberg verdreifacht, binnen fünf Jahren sind sogar mehr als fünf Mal so viele Frauen in der Gewerkschaft aktiv. Und das, obwohl das Engagement der Frauen von der Obrigkeit kritisch beäugt wird und die Aktivitäten diverser Frauenvereine immer wieder verboten werden. Auch Helene Grünberg wird von der Polizei beobachtet und muss sich wegen der von ihr angebotenen Bildungskurse für Arbeiterinnen sogar vor Gericht ver-

„Es gelang ihr immer wieder, mehrere hundert Frauen auf Veranstaltungen zu versammeln, auf denen sie Hauptrednerin war."

antworten. Sie wird freigesprochen, lässt sich von solchen Repressalien aber ohnehin nicht aufhalten.

„Sie hatte ein hohes Sendungsbewusstsein", sagt die langjährige Landtagsabgeordnete der SPD, Lieselotte Seibel-Emmerling. Das zeigt auch Helenes teils pathetische Wortwahl, so zum Beispiel in einem Aufruf aus dem Jahr 1906: „Tragt das Evangelium der Arbeiterbewegung unter die Arbeiterinnen!", ruft die Frau mit dem akkuraten Mittelscheitel und der Wasserwelle ihren Mitstreiterinnen zu. „Tragt unermüdlich dazu bei, dass sämtliche Arbeiterinnen sich ihrer gewerkschaftlichen Organisation anschließen!"

Doch Helene Grünberg hat nicht nur die Fabrikarbeiterinnen im Blick, sie setzt sich auch für die Rechte der Dienstbotinnen ein. Dieser Bereich ist fest in Frauenhand, jede dritte erwerbstätige Frau arbeitet als Dienstbotin. Wobei „Frau" es nicht ganz trifft: Meistens sind es Minderjährige vom Land, die in die Städte drängen und dort für wenige Mark im Monat 14 bis 15 Stunden täglich für ihre Dienstherren schuften. „Kein Stand war so recht- und schutzlos wie der Dienstbotenstand", schreibt Monika Meister in einem Beitrag über Helene Grünberg. Und weiter: „Wurde ein Dienstmädchen schwanger, konnte ihm fristlos gekündigt werden. Als Instrument der Kontrolle diente das ‚Dienstbotenbuch', das von der Polizei ausgestellt und überwacht wurde." Wollen sich die Mädchen aus diesen ausbeuterischen Verhältnissen befreien, bleibt ihnen kaum eine andere Wahl, als wegzulaufen. Doch auch das steht natürlich unter Strafe.

Helene Grünberg, die nach Nürnberg umgezogen ist, nimmt diese miserablen Arbeitsbedingungen ins Visier und gibt den Dienstbotinnen erstmals eine Stimme. Im März 1906 beruft sie eine erste Versammlung ein. Noch am selben Tag wird der „Verein Nürnberger Dienstmädchen, Waschfrauen und Putzfrauen" gegründet, dem bald weitere Verbände in anderen Städten folgen. Allein in Nürnberg sind gut 9.000 Hausangestellte registriert, schreibt Monika Meister. Mehr als zwei Drittel von ihnen sind gerade mal 14 bis 16 Jahre alt. Helene Grünberg kämpft unter anderem dafür, dass ihre Arbeitszeiten geregelt und ihre Wohnverhältnisse verbessert werden. Oft müssen die Frauen in kleinen und dunklen, teils fensterlosen Räumen hausen. Und von ihrem kargen Lohn wird ihnen sogar noch etwas abgezogen, wenn Geschirr zu Bruch geht. 1909 schließen sich die verschiedenen Ortsgruppen zu einem „Zentralverband der Hausangestellten" zusammen. Dass dessen Forderungen Gehör finden, hängt auch mit der weiter voranschreitenden Industrialisierung zusammen. Zunehmend arbeiten junge Frauen lieber in den Fabriken, Dienstmädchen sind immer schwerer zu finden. Deshalb kann der Verein zum Beispiel geregelte Arbeitszeiten und freie Nachmittage durchsetzen.

„Diese ganze Bewegung kam erst durch Helene Grünberg so richtig in Fluss", sagt Kerstin Gardill. Doch die Historikerin findet Helene Grünberg noch aus einem weiteren Grund vorbildlich: „Sie hat Themen besetzt, die uns bis heute umtreiben." Dazu gehöre die Forderung nach Gleichberechtigung, die allerdings damals noch viel drängender war. Anfang des 20. Jahrhunderts stehen die Frauen noch immer ohne Wahlrecht da. 1908 wird endlich das Vereinsgesetz abgeschafft und durch das sogenannte Reichsvereinsgesetz ersetzt. Frauen können sich nun auch politisch engagieren. Die Sozialdemokratin Grünberg wird Mitglied des Nürnberger Parteivorstandes und kämpft weiter für „das volle Bürgerrecht des Weibes". Sie gehöre zu den „besten Trägerinnen der Bewegung in Süddeutschland", lobt die Frauenrechtlerin Clara Zetkin 1910.

Helene Grünberg sei ihrer Zeit weit voraus gewesen, sagt Kerstin Gardill.

1919 ist es endlich so weit, nach der Novemberrevolution von 1918 bekommen die Frauen das aktive und passive Wahlrecht. Sie können es erstmals am 19. Januar bei der Wahl zur Nationalversammlung ausüben. Helene Grünberg kandidiert und wird Mitglied der Verfassungsgebenden Nationalversammlung der Weimarer Republik. Ein Jahr lang gehört sie dem Reichstag an. Sie kämpft unter anderem für die Selbstbestimmung der Frau beim Thema Abtreibung – auch das eine Forderung, die aus der Sicht von Kerstin Gardill bis heute aktuell ist. „Man kann anhand ihrer Geschichte

Bewusstsein dafür schaffen, dass unsere heutigen Rechte nicht selbstverständlich sind."

Die Historikerin findet es zudem beeindruckend, wie weit gespannt Helenes Interessen waren. So prangert die Frauenrechtlerin 1906 in einem Beitrag für die *Fränkische Tagespost* in deutlichen Worten die Kolonialpolitik des Kaiserreichs und den Völkermord an den Herero an. „Ungeheuerlich ist die Blut- und Schreckensherrschaft, die auf Kosten der deutschen Steuerzahler an Frauen und Mädchen da drüben (gemeint ist Deutsch-Südwest, das heutige Namibia, Anm. d. Red.) verübt wurde, wo man sie zu Hunderten und Aberhunderten in die Wüste zurücktrieb und elend verdursten ließ. Man fand später, dass sie in der Verzweiflung 15 - 20 Meter tiefe Löcher vergebens mit den Händen gegraben hatten, um Wasser zu finden. Sie sind verhungert und verdurstet."

Doch auch wenn sie etliche Erfolge verbuchen kann: Mit ihrem Engagement eckt Helene Grünberg auch an. Selbst Parteifreunde äußern sich herablassend über die „rührselige Lene", ein Genosse mokiert sich 1919 in einem Tagebucheintrag, den Kerstin Gardill im Archiv ihrer Partei gefunden hat, darüber, dass sie „im Ton einer hysterischen alten Jungfer" gesprochen habe. „Sie hatte es nicht leicht", sagt die Historikerin, „vermutlich stand sie oft ziemlich alleine da." Auch ihr Privatleben ordnet Helene ihrem Engagement unter, sie hat weder Mann noch Kinder.

Gut möglich, dass sie der ständige Kampf zermürbt. 1924 geht sie in den Ruhestand, auch, weil sie an Depressionen leidet. Am 7. Juli 1928 nimmt sich Helene Grünberg in ihrer Wohnung in der Rieterstraße in St. Johannis das Leben.

Silke Roennefahrt

....

Erinnerungsorte:

Die Helene-Grünberg-Straße in Zerzabelshof sowie das Arbeitersekretariat in der Luitpoldstraße 9, später in der Breiten Gasse 25-27.

BEDEUTENDE BAROCKDICHTERIN
In Nürnberg kam sie bei sich an

*A*us ihrem Glauben schöpfte sie Kraft, er war auch der Quell ihres literarischen Schaffens. Und um den Kaiser zum Protestantismus zu bekehren, reiste sie sogar zwei Mal nach Wien: Catharina Regina von Greiffenberg wird in unruhige Zeiten, mitten im Dreißigjährigen Krieg, geboren. Das begabte junge Mädchen entwickelt schon früh einen Hang zum Dichten: Wurde ihr Werk zu ihren Lebzeiten auch kaum beachtet, ehrte die Literaturwissenschaft sie posthum als bedeutendste Dichterin des 17. Jahrhunderts.

Catharina Regina erblickt 1633 auf Schloss Seisenegg in Niederösterreich das Licht der Welt. Ihre Familie gehört dem Landadel an, ist protestantisch und dadurch in arger Bedrängnis: Die Gegenreformation / Katholische Reform ist in vollem Gange, Niederösterreich im Besitz der katholischen Habsburger, die von Greiffenbergs jedoch sind Teil der bedrohten Minderheit. Die Familie ist gut betucht, denn sie hat mit Kupferminen ein Vermögen gemacht. Doch je nach Quelle geht das familieneigene Unternehmen bereits unter Catharinas Vater Johann Gottfriedt (Linsmayr) von Greiffenberg (1575-1641) nieder, oder nach dessen Tod unter seinem Halbbruder Hans Rudolf (Linsmayr) von Greiffenberg (gest. 1677), der auch Catharinas Vormund wird. Die Familie verarmt völlig.

Das junge Mädchen ist hochbegabt. Onkel Hans Rudolf ermöglicht ihr, für die damalige Zeit durchaus nicht üblich, eine breite Bildung: Catharina darf Sprachen studieren, spricht Französisch, Italienisch, Spanisch und Latein. Sie unternimmt Bildungsreisen, lernt Geschichte, Philosophie und Naturwissenschaften. Doch als sie 18 Jahre alt ist, muss sie erneut den

Catharina Regina von Greiffenberg gilt als bedeutendste Dichterin des 17. Jahrhunderts.

Verlust eines geliebten Menschen verkraften: Ihre kleine Schwester stirbt. Catharina Regina erklärt: „Mein ganzes Leben war ein Todesverlangen." Wie Luise Pusch in ihrem Aufsatz zum 300. Geburtstag der Barockdichterin schreibt, hatte sie kurz nach dem Tod der Schwester „eine religiöse Erleuchtung, die sie dazu bewog, ihr weiteres Leben der Deoglori, d.h. der Verherrlichung Gottes durch Wort und Tat, zu weihen". Das sei „die Geburtsstunde der geistlichen Dichterin Catharina Regina von Greiffenberg" gewesen.

Schon jetzt wohnt sie teilweise in Nürnberg und pflegt eine innige Freundschaft mit dem dort lebenden protestantischen Dichter Sigmund von Birken (1626-1681). 1662 erscheint ihre Sammlung *Geistliche Sonette, Lieder und Gedichte*. Ob Sigmund von Birken und andere Dichterfreunde sie dabei unterstützten oder ob ihr Onkel das Werk herausbrachte, darüber streiten die Quellen: „Ohne ihr Wissen gab ihr Oheim oder Vetter H. R. v. G. 1662 ihre *Geistlichen Sonette, Lieder und Gedichte zu Gottseligem Zeitvertreib* auch unter dem Titel D*er Teutschen Urania himmel-abstammend- und himmel-aufflammender Kunstklang in dritthalb-hundert Soneten oder Klinggedichten* heraus; 250 Sonette und 50 Lieder, in denen sich eine kräftige, zum Teil großartige Natur, ein klarer und tiefer Geist zeigt. Die Dichterin, wenn sie sich auch im Ganzen über die Art und Unart ihrer Zeit nicht zu erheben vermag, muß doch unbedingt zu den bedeutendsten dichterischen Erscheinungen ihres Kreises gezählt werden", schreibt Rochus von Liliencron 1879 in der *Allgemeinen Deutschen Biographie*.

In jene Jahre fällt auch das hartnäckige Werben ihres Onkels Hans Rudolf. Obwohl dieser der Halbbruder ihres Vaters und 25 Jahre älter ist als Catharina, verlangt er von ihr, seine Ehefrau zu werden. Sie will nicht, doch er setzt sich durch, und nach fünf Jahren des Widerstands gibt sie ihm schließlich 1664 das Jawort. Das widerstrebt jedoch nicht nur der Braut selbst, auch die Öffentlichkeit ist empört. Hans Rudolf wird Opfer einer Intrige und muss wegen Blutschande für zwei Jahre ins Gefängnis. Luise Pusch schreibt, Catharina sah „sich ganz allein der Verwaltung des (österreichischen) Anwesens überlassen. Überhaupt – die Unannehmlichkeiten und Rechtsstreitigkeiten, die sich seit der Werbung des Onkels und seit der Trauung mit ihm für die Dichterin ergaben, verfolgten sie bis weit über seinen Tod hinaus."

Nach seiner Entlassung zieht das Ehepaar wieder auf das Schloss Seisenegg. Catharina ist wie besessen vom protestantischen Glauben und reist zwei Mal nach Wien. Ihr Ziel: Kaiser Leopold I. (1640-1705) zum protestantischen Glauben zu bekehren. Sie bleibt zwar hartnäckig, ist aber erfolglos. Auch das Schloss wird sie verlieren: Der Schuldenberg ist erdrückend, die Repressalien durch die Gegenreformation sind hart, 1673 muss sie Schloss Seisenegg an Matthäus Riß überschreiben. Nach dem Tod ihres Gatten im Jahr 1677 verlässt die Witwe Seisenegg mit ihrer Mutter Eva-Maria und zieht wieder – und dieses Mal endgültig – nach Nürnberg, wo sie ihre letzten vierzehn Lebensjahre verbringt.

„Überhaupt – die Unannehmlichkeiten und Rechtsstreitigkeiten, die sich seit der Werbung des Onkels und seit der Trauung mit ihm für die Dichterin ergaben, verfolgten sie bis weit über seinen Tod hinaus."

Es werden glückliche und ruhige Jahre, in denen sie auch ihre Freundschaft zu Sigmund von Birken vertieft. Luise Pusch schreibt, „hier konnte sie endlich im Kreis gleichgesinnter FreundInnen ungestört ihrem Glauben und ihrer Dichtkunst leben".

In Nürnberg – da war die größte deutsche Dichterin ihrer Zeit endlich angekommen.

Eva-Maria Bast

....

Erinnerungsorte:

Ihr Briefwechsel mit Sigmund von Birken ist im Archiv des Pegnesischen Blumenordens erhalten. Wer auf den Spuren der Catharina von Greiffenberg eine Reise machen will, kann Schloss Seisenegg in der Gemeinde Viehdorf in Niederösterreich einen Besuch abstatten.

DIE MUTTER DES KÜNSTLERS

Enge Bindung zu Sohn Albrecht

E igentlich ist es das ganz normale Leben einer ganz normalen Handwerkerfrau im Mittelalter und der Frühen Neuzeit. Und genau deshalb ist es so interessant, wie die Nürnbergerin Karin Ecker findet. Deshalb und natürlich auch, weil die Frau, die dieses Leben lebte, einen ausgesprochen berühmten Sohn hatte: Albrecht Dürer. „Barbara Dürer hat viele Kinder geboren und verloren und am Ende ihres Lebens war sie eine zerbrechliche, schwerkranke Frau", charakterisiert sie die Nürnbergerin. Trotz dieser Schicksalsschläge stand Barbara Dürer immer wieder auf, um ihrem Sohn zur Seite zu stehen und als Kunsthändlerin seine Werke an den Mann zu bringen.

Dass Barbara Dürer, Tochter des Goldschmiedemeisters Hieronymus Holper, einmal einen aus Ungarn eingewanderten Goldschmied heiraten wird, der ein Vierteljahrhundert älter ist als sie, steht schon in jungen Jahren fest: Jener Mann, sein Name ist Albrecht Dürer, arbeitet als Geselle in der Werkstatt ihres Vaters. Er ist ehrgeizig, er will Meister werden. „Meister zu werden, war damals aber eine schwierige Sache", erklärt Karin Ecker. Das lag an den Bestimmungen der Zünfte, die streng darüber wachten, dass die Anzahl der verpflichtend von einem Meister geführten Werkstätten nicht stieg. Auf diese Weise wurde sichergestellt, dass die Meister ihr wirtschaftliches Auskommen hatten. „Es gab eigentlich nur zwei Möglichkeiten, wenn man nicht die Werkstatt des Vaters übernehmen konnte: Man musste entweder eine Meister-Witwe oder eine Meister-Tochter heiraten."

Albrecht Dürer liebte seine Mutter Barbara sehr. Dieses Porträt malte er 1490. Es hängt im Germanischen Nationalmuseum in Nürnberg.

Albrecht Dürer d.Ä. entscheidet sich für Letzteres. „Dürer und Barbaras Vater einigen sich darauf, dass er das Mädchen heiraten soll, wenn es alt genug ist." Nach den damaligen Vorstellungen bedeutet „alt genug" 15 Jahre. Bis dahin muss Albrecht noch zwölf Jahre warten. Und er wartet. Als die Zeit endlich naht, steht der noch so jungen Barbara eine anstrengende Zukunft bevor. In den nächsten 24 Jahren wird sie 18 Kinder zur Welt bringen und eine große Zahl davon wieder zu Grabe tragen.

Ihr berühmter Sohn Albrecht ist das dritte Kind und das erste überlebende. Er erblickt am 21. Mai 1471 das Licht der Welt und erhält den Namen seines Vaters. Die Beziehung zwischen Mutter und Sohn ist eng, Albrecht beschreibt seine Mutter aber auch als streng. Die vielen Schwangerschaften haben sie mitgenommen, Barbara Dürer ist geschwächt und häufig krank. Als ihr Ehemann im Jahr 1502 stirbt, ist Albrecht Junior schon verheiratet. Er ersteht 1509 das heute so genannte Dürer-Haus in der Zisselgasse, heute Albrecht-Dürer-Straße 39, und Barbara hilft ihm, ebenso wie seine Frau Agnes, seine Druckgrafiken auf Messen und Märkten zu vertreiben.

Karin Ecker vor dem Albrecht-Dürer-Haus.

Mit Agnes hat er eine gute Partie gemacht, sie stammt aus einer wohlhabenden Familie. „Spätestens 1504 holte er seine Mutter zu sich, sie zog in eine Kammer in seinem Haus", sagt Karin Ecker. Nun hat sie zwei ihrer drei noch lebenden Kinder um sich, denn „auch seinen 19 Jahre jüngeren Bruder Hans holte Albrecht zu sich".

Gesundheitlich geht es ihr nicht gut, ganz schwach und elend ist sie. 1513 erkrankt sie schwer, ein Jahr lang muss Barbara Dürer sehr leiden, bis sie in der Nacht vom 16. auf den 17. Mai 1514 stirbt. Sie ist nur 63 Jahre alt geworden.

In der Familienchronik schreibt Dürer: „Diese meine fromme Mutter hat oft die Pestilenz gehabt und viele andere schwere Krankheiten, hat große Armut erlitten, Verspottung, Verachtung, höhnische Worte und andere Widerwärtigkeiten, doch ist sie nie rachsüchtig gewesen. Und in ihrem Tode sah sie viel lieblicher aus, als da sie noch das Leben hatte." Besonders tragisch: In jenen schweren Stunden harrte ihr Sohn Tag und Nacht bei ihr aus. Nur in ihrer Todesnacht zog er sich, vollkommen erschöpft, für ein paar Stunden zurück. Und ausgerechnet in diesen Stunden starb sie. „Er war untröstlich, nicht bei ihr gewesen zu sein", sagt Karin Ecker, „aber vermutlich musste sie allein sein, um gehen zu können."

„Er war untröstlich, nicht bei ihr gewesen zu sein, aber vermutlich musste sie allein sein, um gehen zu können."

Eva-Maria Bast

....

Erinnerungsort:

An Barbara Dürer erinnert das Albrecht-Dürer-Haus, Albrecht-Dürer-Straße 39.

EINE WOHLTÄTIGE FRAU
Vom Dienstmädchen zur Stifterin

*I*hre Lebensgeschichte erinnert ein bisschen an Aschenputtel, nur dass der „Prinz" beim Kennenlernen noch keiner war, sondern erst an ihrer Seite in den Adelsstand erhoben wurde. Sonst aber stimmen die Zutaten: Ein gesellschaftlich höhergestellter Mann verliebt sich in eine arme Dienstmagd. Sie werden reich und angesehen. „Das ist eine Karriere, die man sich nicht hätte träumen lassen", sagt Kunsthistorikerin Claudia Maué, die den Katalog über *Die Bildwerke des 17. und 18. Jahrhunderts im Germanischen Nationalmuseum* herausgab und dabei auf Elisabeth Krauß und ihre Lebensgeschichte stieß. Doch so romantisch, wie es auf den ersten Blick scheint, war es keineswegs: Die Biografie der Elisabeth Krauß ist zwar voller Glanz und Ansehen, aber auch voller Brüche, voller Verlust und unendlichem Schmerz.

Elisabeth, die damals noch auf den Nachnamen Streit hört, wächst im benachbarten Markgrafentum Ansbach-Bayreuth in Bronnamberg bei Zirndorf in allerärmsten Verhältnissen auf. Als der Vater stirbt, verschärft sich die wirtschaftliche Not der Mutter und sie schickt ihre erst zehnjährige Tochter 1579 in die Wirtschaftsmetropole Nürnberg. Nun ist Elisabeth ganz auf sich allein gestellt, als Dienstmagd soll sie sich ihren Lebensunterhalt verdienen. Tatsächlich findet sie auch eine Anstellung als Dienstmädchen, was aber nicht heißt, dass das Leben der kleinen Elisabeth leichter wird: Zwar hat sie ein Dach über dem Kopf und muss nicht hungern, aber die Arbeit, die sie zu verrichten hat, ist hart, ihr Leben voller Entbehrungen.

19 Jahre vergehen auf diese Weise, dann kommt die Liebe in ihr Leben – in Gestalt des sieben Jahre jüngeren Konrad

....

Die Biografie der Elisabeth Krauß ist voller Glanz und Ansehen, aber auch voller Brüche, Verlust und Schmerz.

Krauß (1576-1632). Der Kaufmann ist gerade erst aus Kitzingen hergezogen, recht gut situiert, und er macht ihr den Hof, 1598 folgt die Hochzeit. Weder der Standesunterschied noch die Tatsache, dass Elisabeth arm ist wie eine Kirchenmaus, scheint ihn zu stören.

„Der Altersunterschied der beiden und ihr Herkommen aus unterschiedlichen sozialen Milieus verblüfft zunächst. Sicherlich war es aber für den neu zugezogenen Konrad Krauß von Vorteil, dass sich seine Elisabeth im ‚großstädtischen' Nürnberg bereits auskannte und die Spielregeln der Metropole beherrschte. Und vermutlich erkannte er sogleich, dass sie ihre Fähigkeiten nun auch in den gemeinsamen Hausstand und in das Handelsgeschäft gut einbringen konnten", stellen Bernhard Ebneth und Gabriele Moritz in ihrem Aufsatz *Wie ein Dienstmädchen zur reichsten und sozial engagiertesten Frau Nürnbergs wurde* eine schlüssige Überlegung an.

Kunsthistorikerin Claudia Maué gab einen Katalog über Die Bildwerke des 17. und 18. Jahrhunderts im Germanischen Nationalmuseum *heraus und stieß dabei auf Elisabeth Krauß.*

Wie unterschiedlich die soziale und finanzielle Situation der beiden auch immer sein mag: Die Ehe scheint glücklich zu sein. Dennoch haben sie schwere Schicksalsschläge zu überstehen. Elisabeth und Konrad Krauß bekommen drei Kinder, von denen zwei bald sterben. Das Ehepaar stürzt sich in die Arbeit, um dem Schmerz zu entfliehen. Konrad Krauß beginnt mit Lebensmitteln, Metallwaren und Tuchen zu handeln. Er ist ausgesprochen erfolgreich. Türen und Tore stehen ihm offen, auch die, die in die Nürnberger Oberschicht führen.

Elisabeth macht sich jetzt schon durch ihre große Mildtätigkeit einen Namen. Sie kümmert sich um die Ärmsten der Armen, während die

Familie weiter aufsteigt: 1614 wird Konrad Krauß Genannter des Größeren Rats der Reichsstadt und zehn Jahre später von Kaiser Ferdinand II. (1578-1637) in den Adelsstand erhoben.

Und dann wird alles anders: Mit dem Dreißigjährigen Krieg bricht ab 1618 eine Katastrophe über Europa herein, die Reichsstadt Nürnberg trifft es im Jahr 1632 besonders hart. Der Krieg bringt Armut, unermessliches Leid und auch Seuchen mit sich – und bei einer jener Epidemien stirbt am 22. Januar 1632 Konrad Krauß und am 29. Dezember der letzte noch lebende Sohn des Ehepaars. Elisabeth Krauß, 63 Jahre alt, steht jetzt ganz allein da. Ihr Mann und ihre drei Kinder sind tot. Doch sie vergräbt sich nicht in ihrem Schmerz und ihrer Trauer, sondern führt die Geschäfte allein weiter. Sie wird zu einer Frau an der Spitze eines erfolgreichen Unternehmens und nimmt damit in der damaligen Zeit eine Ausnahmestellung ein.

„Aus eigener Erfahrung sensibel für die Not ihrer Mitmenschen, spendete sie nun aber den Großteil ihres Einkommens für Arme und Waise. Sie kümmerte sich nahezu mütterlich besonders um bedürftige Waisenkinder, nahm sie in ihrem geräumigen Haus auf und sorgte sich um deren Nahrung und Wohl, um ihre schulische und religiöse Ausbildung", schreiben Bernhard Ebneth und Gabriele Moritz. Und weiter: „Am populärsten war die jährliche Johannismahlzeit jeweils am 24. Juni für die Findelkinder in Nürnberg, ein üppiges Festmahl mit Bier und Bratwürsten."

Damit nicht genug, verfügt sie testamentarisch, dass mit ihrem Nachlass eine Stiftung gegründet werden soll, die jungen Menschen eine Ausbildung ermöglicht. „Es handelte sich", wie Claudia Maué sagt, „um eine der bedeutendsten und reichsten bürgerlichen Stiftungen im evangelischen Deutschland der Frühen Neuzeit." Wer was aus den insgesamt acht Stiftungen bekommen sollte, ist genau geregelt: „Stipendien an Studierende; hundert Gulden für die Lateinschulen; hundert Gulden für arme Kirchen- und Schuldiener; hundert Gulden für hundert arme Männer am Konradtag und ebenso viel für hundert

„Es handelte sich um eine der bedeutendsten und reichsten bürgerlichen Stiftungen im evangelischen Deutschland der Frühen Neuzeit."

arme Frauen am Elisabethtag; desgleichen an arme und kranke Pfründner des Heilig-Geist-Spitals; ein Legat von fünfzig Gulden an den Pfarrhof nach Cadolzburg; die Stiftung einer Johannismahlzeit für die Findelkinder und die Erzieher."

„Die Elisabeth-Krauß'sche Stipendienstiftung gibt es immer noch, sie ist heute in kirchlicher Hand", erzählt Claudia Maué. Bernhard Ebneth erklärt, dass sich die alte Dame „schließlich der in Nürnberg dichten und von der Reformation keineswegs unterbrochenen Stiftungstradition verpflichtet" gefühlt habe. „Als Motive für die reichen Zuwendungen können bürgerlicher Gemeinsinn, lokaler Patriotismus, Nächstenliebe und die Fortpflanzung und Erhaltung des göttlichen Worts, auch der evangelischen Kirchen und Schulen" genannt werden.

> *„Die Elisabeth-Krauß'sche Stipendienstiftung gibt es immer noch, sie ist heute in kirchlicher Hand."*

Und vor allem natürlich, dass Elisabeth Krauß am eigenen Leib gespürt hatte, wie es ist, arm zu sein. Als sie dann reich war, lernte sie tiefe Verzweiflung und Verlust kennen. Solches Leid bei anderen im Rahmen ihrer Möglichkeit zu mildern und zu lindern wurde, so scheint es, zur Antriebsfeder für diese berühmte Stifterin, die ihr Leben einst in einem kleinen Dorf in der Nähe Nürnbergs begonnen hatte.

Eva-Maria Bast

....

Erinnerungsorte:

Das Grab von Elisabeth Krauß befindet sich auf dem Rochusfriedhof, Grabnummer R 1274. In Oberasbach ist die Schule der Lebenshilfe Fürth e. V. nach ihr benannt.

Bertha Kipfmüller erwirbt 1899 als erste Frau in Bayern den Doktortitel.

KÄMPFERISCHE LEHRERIN
Radikale der bürgerlichen Frauenbewegung

Gut gekleidete Damen des Nürnberger Bürgertums drängen 1893 durch die Eingangstür des luxuriösen Hotels Strauß in der Karolinenstraße. Auch der 1. Bürgermeister Ritter Georg von Schuh und Vertreter des Stadtmagistrats wollen sich die Versammlung des reichsweit organisierten „Allgemeinen Deutschen Frauenvereins" nicht entgehen lassen. Der fränkischen Lehrerin Bertha Kipfmüller ist es mit einigen Mitstreiterinnen gelungen, die mehrtägige Versammlung nach Nürnberg zu holen. Größen der deutschen Frauenbewegung sind gekommen, darunter Auguste Schmidt (1833-1902), die 1865 in Leipzig den „Allgemeinen Deutschen Frauenverein" gegründet hatte, der gleiche Bildungschancen für Frauen und Männer fordert.

Bertha Kipfmüller und Auguste Schmidt kennen sich gut, 1890 saßen beide im Gründungsgremium des „Allgemeinen Deutschen Lehrerinnenvereins". Lehrerinnen können zu Ende des 19. Jahrhunderts von gleicher Bezahlung nur träumen. Sie haben außerdem geringere Pensionsansprüche als die männlichen Kollegen, können nicht Oberlehrerin und noch viel weniger Schulrektorin werden. Außerdem zwingt sie das System ins Zölibat – heiratet eine Lehrerin, ist sie ihre Stelle los. Mit ihrer Vereinsarbeit möchte Bertha Kipfmüller all das ändern und Mädchen den Weg zu Abitur und Hochschulen freimachen. Schon 1886 gründet sie deshalb in Nürnberg den „Mittelfränkischen Lehrerinnen-Verein".

Im Hotel Strauß hält der 1. Bürgermeister mit dem Zylinder in der Hand von der ersten Sitzreihe aus seine Begrüßungsrede. „Die wahre Frauenfrage gipfelt nicht in der Absicht, eine Änderung der Stellung der Frau im öffentlichen Leben zu erwirken, sondern in der Verfolgung idealer und praktischer Ziele, die dem weiblichen Geschlecht eine bessere Erziehung und Bildung gewähren", sagt Ritter Georg von Schuh salbungsvoll. Auguste Schmidt nickt zustimmend zu dem moderaten, an einer tatsächlichen Chancengleichheit für die Frauen keineswegs interessierten Redebeitrag. Doch Kipfmüller geht dieser nicht weit genug. Ausgehend von Johann Gottlieb Fichtes „Sittlicher Weltordnung" spricht sie vom Podium herab über die von dem Philosophen geforderte Gleichstellung der Geschlechter. Schon an dieser Stelle stockt sowohl dem 1. Bürgermeister wie auch den gemäßigten bürgerlichen Frauenrechtlerinnen der Atem. Als sie dann noch das Wort „Mädchengymnasium" ausspricht, schüttelt zu ihrer großen Enttäuschung auch Mitstreiterin Auguste Schmidt den Kopf.

„Bertha Kipfmüller traute sich, öffentlich Forderungen zu stellen und auszusprechen, was andere Frauen zu der Zeit nur dachten", sagt Nadja Bennewitz. Die Nürnberger Historikerin forscht zum Schwerpunkt Frauen- und Geschlechtergeschichte. Außerdem ist sie wissenschaftliche Mitarbeiterin am Lehrstuhl für Didaktik der Geschichte der Universität Erlangen.

Die Bürgerliche Frauenbewegung entstand in der Mitte des 19. Jahrhunderts, um Mädchen eine höhere Schulbildung und den Zugang zu den Universitäten zu ermöglichen. Außerdem sollten bürgerliche Frauen nicht nur den Beruf der Lehrerin ergreifen können. „Das Vorgehen war gemäßigt, die bürgerlichen Frauenrechtlerinnen hofften, dass die Männer ihnen die Gleichberechtigung freiwillig zugestehen", sagt Bennewitz. Bertha Kipfmüller hätte es gerne radikaler. „Sie hatte visionäre Ansichten, während die anderen Frauenrechtlerinnen mehr in ihrer Gesellschaftsklasse verhaftet waren. Sie war wohl die einzige Radikale in der bürgerlichen Frauenbewegung Nürnbergs."

„Sie hatte visionäre Ansichten, während die anderen Frauenrechtlerinnen mehr in ihrer Gesellschaftsklasse verhaftet waren. Sie war wohl die einzige Radikale in der bürgerlichen Frauenbewegung Nürnbergs."

Im Hotel Strauß vor den illustren Gästen ein Mädchengymnasium zu fordern, sei „skandalös" gewesen. „Doch Bertha Kipfmüller hat Angriffe immer ausgehalten." Bennewitz hält sie aus historischer Sicht für bedeutsamer als die Arztgattin und spätere Nürnberger Stadträtin Helene von Forster: „Sie hat Helene von Forster erst politisiert", während diese ihr Kontakte zur Crème de la Crème der Nürnberger Gesellschaft verschafft habe.

Im November 1893 gründen beide die Nürnberger Sektion des Vereins „Frauenwohl". Vorsitzende wird von Forster, wohl auch, weil sie eher öffentliche Vorträge halten kann als Kipfmüller, die als Lehrerin mit jeder auch nur annähernd politischen Aussage ihre Anstellung riskiert.

Der sehr praktisch ausgerichtete Verein Frauenwohl wächst zu einem Zusammenschluss von mehreren tausend Mitgliedern heran. 1898 errichtet er das erste Wöchnerinnenheim Bayerns in Nürnberg. Abendnähkurse für Arbeiterinnen sollen diesen die Möglichkeit geben, künftig vielleicht als Schneiderin mehr Geld zu verdienen. Dass in den Handarbeitskursen auch Englisch und Französisch unterrichtet wird, spricht sich schnell herum. Mehrere Tausend Mädchen und Frauen verdanken dem Verein schließlich eine gründliche Ausbildung.

Bertha Kipfmüller kommt nur auf Umwegen zu ihrer eigenen Ausbildung. Nach der Volksschule, die sie in Pappenheim besucht, wo sie 1861 zur Welt kam, möchte sie zunächst Goldschmiedin werden. Am liebsten würde sie ja das Juweliergeschäft ihres Vaters Christian Albert Kipfmüller übernehmen, doch in der zweiten Hälfte des 19. Jahrhunderts ist es für Frauen unmöglich, ein eigenes Unternehmen zu führen. Weil sie laut ihres Vaters aber auch nicht „für Küche und Herd" geeignet ist, wird sie schließlich Lehrerin. „Der Lehrberuf war die einzige außerhäusliche Beschäftigung, die für bürgerliche Frauen damals als standesgemäß galt", erklärt Bennewitz. In der ersten Generation der Frauenbewegung finden sich deshalb viele Lehrerinnen, auch Kipfmüller ist mit Kolleginnen weit über Nürnberg hinaus bestens vernetzt.

Weil der Besuch der Präparandenschule Jungen vorbehalten ist, bereitet sie ihr ehemaliger Schullehrer auf das Kreislehrerinnenseminar in München vor. Das meistert sie mit Bravour und tritt als 18-Jährige in Eysölden bei Thalmässing ihre erste Stelle als Hilfslehrerin an.

„Ab 1899 unterrichtete sie dann 27 Jahre lang an der Höheren Mädchenschule am Frauentorgraben in Nürnberg", erzählt Bennewitz. Damit sei sie eine der ersten professionellen Lehrerinnen in Mittelfranken gewesen.

Nadja Bennewitz auf der Museumsbrücke, von der man auf die Wirtschaftswissenschaftliche Fakultät schauen kann. Dort stand einst das Schulhaus von Bertha Kipfmüller.

Dass sie im selben Jahr an der Universität Heidelberg in den Fächern Germanistik, Sanskrit und vergleichende Sprachwissenschaften zur Dr. phil. promoviert – in Bayern sind den Frauen die Hochschulen noch versperrt – macht sie außerdem zur ersten Frau in Bayern mit akademischem Doktorgrad. Angesprochen werden will sie mit „Fräulein Doktor", denn: „Jede

Schneegans nennt sich in Bayern immer noch Frau Doktor, weil der Mann es ist", schreibt sie in einem Aufsatz.

Doch ihr Doktortitel ändert nichts daran, dass sie in der Höheren Mädchenschule weniger verdient als ihre männlichen Kollegen. Der Nürnberger Magistrat ist nicht bereit, „sie in dieselbe Gehaltsstufe einzuordnen, wie sie einem akademisch gebildeten Lehrer zukommt", sagt Bennewitz. Alles, was sie herausschlagen kann, ist eine jährliche Zulage von 600 Mark.

Doch Bertha Kipfmüller, die bis auf die kurze Liebe zu einem Offizier nie eine enge Beziehung zu einem Mann eingeht, lässt sich nicht einfach abspeisen. Sie nutzt ihren Kontakt zum 1. Bürgermeister und schreibt an Ritter Georg von Schuh: „Finanzielle Dinge sind gegen Ende des Monats sehr dringlich." Der lässt die Hilfesuchende zwar abtropfen, „doch auch diese Sache zeigt, dass sie eine entschlossene und selbstbewusste Frau war", sagt Bennewitz. „Sie wusste, dass sie die Fähigkeit hat, den Ton anzugeben."

„Auch diese Sache zeigt, dass sie eine entschlossene und selbstbewusste Frau war. Sie wusste, dass sie die Fähigkeit hat, den Ton anzugeben."

Und sie versteht es, auf frauenfeindliche Zustände mit Witz und Ironie zu reagieren. Als sie 1901 vom Rektor der Schule am Frauentorgraben zurechtgewiesen wird, weil sie bei seinem Eintreten in das Klassenzimmer nicht sofort vom Katheder heruntergetreten ist, um ihm die exponierte Position zu überlassen, schreibt sie in ihr Tagebuch: „Armer Tropf, dachte ich, solche Mittelchen brauchst Du zur Festhaltung Deiner Autorität?"

Nadja Bennewitz findet es beeindruckend, wie modern Bertha Kipfmüllers Unterrichtsmethoden selbst heute erscheinen. Im Kaiserreich macht sie 1909 den Kampf um das Frauenwahlrecht zum Thema, als sie mit ihren Schülerinnen über die Französische Revolution spricht. „Der Gegenwartsbezug ist heute noch ein wichtiges geschichtsdidaktisches Prinzip", findet die Historikerin. Doch Bertha Kipfmüller bringen ihre „Agitationen" einen Rüffel der Schulleitung ein.

Während die bürgerliche Frauenbewegung und mit ihr auch Helene von Forster noch am 4. November 1918, als in Nürnberg wie in vielen anderen Städten eine große Frauenstimmrechtskundgebung stattfindet, beim Thema Frauenwahlrecht sehr zurückhaltend ist und darauf zum aktuellen Zeitpunkt nicht bestehen mag, nennt Bertha Kipfmüller diese Haltung laut eines ihrer Tagebucheinträge „reaktionär". Als vier Tage später die Novemberrevolution den Frauen endlich das Wahlrecht beschert, schreibt sie einen euphorischen Artikel in der *Fränkischen Tagespost*: „Man mag über den Verlauf der Revolution denken wie man will. Uns Frauen, die wir unter den Unterdrückten die Unterdrücktesten waren, uns Frauen hat sie das Meiste gegeben, das Beste: die Freiheit der Persönlichkeit, unsere volle Rechts- und Handlungsfähigkeit."

Ebenfalls sehr modern ist Bertha Kipfmüllers Freude daran, immer wieder Neues zu lernen. Nach ihrer Pensionierung 1926 studiert sie Jura an der Universität Erlangen und promoviert drei Jahre später über *Die Frau im Rechte der Freien Reichsstadt Nürnberg*. „Der Frauenbewegung war früh klar, dass Gleichberechtigung nicht ohne Gesetzesänderungen funktioniert", erklärt Nadja Bennewitz Kipfmüllers Interesse an der Rechtslehre.

In ihrem langen Leben lernt Kipfmüller zwölf Sprachen, darunter Chinesisch und Russisch. Im Jahr 1935 kehrt sie schließlich nach Pappenheim zurück. Auch um dort noch das städtische Kulturreferat mit aufzubauen. Anlässlich ihrer Ernennung zur Ehrenbürgerin wird dort 1946 eine Straße nach ihr benannt. Auch Ingolstadt und München erwiesen Bertha Kipfmüller, die 1948 in Pappenheim stirbt, diese Ehre. Nürnberg bislang jedoch nicht.

Ute Möller

....

Erinnerungsort:

Von der Museumsbrücke hat man eine gute Sicht auf die gegenüberliegende WISO, wo früher das Schulhaus von Bertha Kipfmüller stand.

Ursula Tucher wurde von ihrem Gatten innig geliebt.

RAUS AUS DEM SCHATTEN
Eine fürsorgliche und vornehme Frau

Seit langer Zeit muss der im Alter von 53 Lenzen kunstvoll auf Leinwand gebannte Hans VI. Tucher (1428-1491), Oberhaupt des Tucherschen Handelshauses, Bürgermeister der Stadt Nürnberg und Verfasser des ersten Reiseführers, ins Leere schauen. Eines Tages bemerkte eine um viele Jahrhunderte jüngere Frau den sehnsuchtsvollen Blick des Mannes. Diese junge Frau heißt Sabine Peters, war damals Studentin der Kunstgeschichte und bot Führungen im Tucherschloss an. Sie vermutete, dass es eine Dame ist, der sein Blick gilt, denn „in seiner rechten Hand hält er einen sogenannten *mahel-vingerlin*, einen kostbar verzierten Verlobungsring, so als wollte er ihn gleich überreichen". Neugierig geworden, begann sie zu recherchieren und landete bei einer Frau, die sie sehr faszinierte: Hans Tuchers zweite Gattin Ursula. Denn im Grunde genommen ist das Bildnis Hans Tuchers Teil eines Diptychons, also eines zweiteiligen Bildes. Der zweite Teil des Werks zeigt eben jene Ursula. Ihr Porträt hängt aber leider nicht mehr neben dem ihres Gatten in Nürnberg, sondern in der Gemäldegalerie Alte Meister Kassel in Schloss Wilhelmshöhe, weil Landgraf Karl von Hessen (1654-1730) das Werk im 17. Jahrhundert kaufte.

Ursula Tucher entstammt dem vornehmen Geschlecht der Harsdörffer. Sie wird Mitte des 15. Jahrhunderts geboren, am Mittwoch, vor S. Greogorientag, dem 10. März im Jahr 1445, einem wahrhaft stürmischen Tag. „Da war große Aufregung in der Stadt, weil sich der Pegnitzfluss zu Nürnberg in ungewöhnlicher Gestalt ergossen hat", zitiert Sabine Peters aus einer zeitgenössischen Quelle. Ursula ist das sechste und jüngste Kind von Jakob und Margaretha Harsdörffer. Als sie 32 Jahre alt ist, ehelicht sie den 18 Jahre älteren Hans Tucher VI., Vorstand der Tucher'schen Handelsgesellschaft und einer der angesehensten Ratsherren der Stadt zu dieser Zeit. „Er war in Nürnberg sehr beliebt", sagt Sabine Peters. „Er muss wirklich eine richtige

„Auf dem Kassler Bildnis erkennt man ihre Schönheit, ihre feinen Gesichtszüge und ihre Zartgliedrigkeit."

Persönlichkeit gewesen sein. Rechtschaffen und sehr engagiert. Er hat einen der ersten Reiseführer überhaupt geschrieben, über eine Pilgerreise nach Jerusalem."

Für den verwitweten Tucher ist es bereits die zweite Ehe, und er bringt neun Kinder mit in die Verbindung. Sie ist also nicht seine erste Wahl. „Aber er scheint sehr verliebt in Ursula zu sein, was nicht verwunderlich ist, denn auf dem Kasseler Bildnis erkennt man ihre Schönheit, ihre feinen Gesichtszüge und ihre Zartgliedrigkeit", sagt Sabine Peters. Nun ist Ursula also neunfache Stiefmutter, doch etwas wird ihr nie gelingen: eine der angesehensten Hauptaufgaben der Frau im Mittelalter, nämlich ihrem Mann reichlich Nachwuchs zu schenken. Sie bleibt kinderlos. „Was Ursula Tucher für mich zu einem besonderen und vornehmen Menschen macht, ist die Tatsache, dass sie, obwohl nie mit Kindern gesegnet, anderen Frauen beisteht, die ledig und ungewollt schwanger sind. Denn sie bekleidet das Amt der Accidentes Matrone, also Beisitzerin von den *erbern frawen*", sagt Sabine Peters. „Das ist für mich ein wichtiger Moment in ihrem Leben. Da tritt sie kurz aus dem Schatten und zeigt sich als sehr fürsorgliche Frau."

Und obwohl sie ihrem Ehemann die im Mittelalter so wichtigen Nachkommen nicht geschenkt hat, ehrt Hans VI. Tucher seine Ehewirtin auch testamentarisch: Als er 1490 stirbt, hinterlässt er ihr nicht nur eine beachtliche Summe von 1.800 Gulden, sondern auch mehrere Ewiggelder sowie Kleider, Schmuck und Hausrat.

Viel mehr gibt es über diese Frau, die am 23. Oktober 1504 stirbt, nicht in den Quellen. „Sie taucht nur ganz kurz auf und spitzt hervor", sagt Sabine Peters. „Aber das, was sie uns da zeigt, berührt mich sehr." Ebenso wie das kleine Gemälde, das der porträtierte Tucher so gern mit seinem liebevollen Blick erfassen würde.

Ein kurzes Liebesglück war den beiden Ende 2019 und Anfang 2020 nochmal beschert, als Ursula Tucher, respektive ihr Gemälde,   für eine Jubiläumsausstellung zu Ehren des Dürer-Lehrers Michael Wolgemut (1434/37-1519), der das Diptychon er-schaffen hat, aus Kassel nach Nürnberg

Sabine Peters steht vor dem Rathaus.
Der Mann der Ursula Tucher war
Bürgermeister der Stadt Nürnberg.

anreiste. Während dieser Ausstellung bekam auch Sabine Peters das Gemälde im Original zu sehen und urteilt: „Sie ist sehr schön, eine feingliedrige Frau mit feinen Händen. Ich empfinde es als ein sehr persönliches Bild." Es entstand übrigens drei Jahre vor dem Gemälde, das Hans Tucher zeigt. „Erst dann wurde das Bild um sein Porträt ergänzt und damit zum Diptychon." Für Sabine Peters ist das Gemälde ein wunderbarer Beweis von Tuchers Liebe für seine Frau. „Vor allem im Mittelalter ist das beachtlich, wer heiratete damals aus Liebe?"

Umso tragischer, dass die beiden Gemälde so lange getrennt waren und es auch wieder sein werden. Allein, es gibt noch eine Verlängerung des Beisammenseins: Im Rahmen der großen Jubiläumsausstellung „Michael Wolgemut. Mehr als Dürers Lehrer" begleitet Hans Tucher seine Gattin nach Kassel und darf dort seinen sehnsuchtsvollen Blick noch länger auf sie richten. Zumindest eine Weile lang.

Eva-Maria Bast

....

Erinnerungsorte:

Ursula Tucher lebte mit ihrem Ehemann im Stammhaus am Milchmarkt. Heutige Adresse: Albrecht-Dürer-Platz 9-11.
Das Tucher'sche Sommerschlösschen wurde erst 1533 bis 1544 erbaut. Da waren Hans VI. Tucher und Ursula Tucher bereits verstorben. Das Bildnis der Ursula Tucher befindet sich heute in der „Gemäldegalerie Alte Meister Kassel" im Schloss Wilhelmshöhe in Kassel.

Susanna Maria von Sandrart war eine bemerkenswerte Künstlerin.

KÜNSTLERIN UND EHEFRAU

Pendel zwischen Glück und Unglück

Kunst. Das ganz kurze Glück einer Mutterschaft. Tiefe Trauer. Wieder die Kunst. Und dann: eine zweite Ehe und sechs Stieftöchter, zu denen sie ein enges Verhältnis hatte. Das Leben der Susanna Maria von Sandrart schlug wie ein Pendel zwischen ihrer künstlerischen Tätigkeit und dem Leben als Ehefrau und (Stief-)Mutter hin und her. Glücksmomente und tiefer Schmerz wechselten einander ab. Dass der Schmerz überwog, zeigte sich am Ende ihres Lebens, als sie tieftraurig war, nur noch schlecht sah und von „trübseligen Zeiten" und „erlittenen Beängstigungen" schrieb.

Susanna ist ein echtes Nürnberger Kind – und die Kunst wird ihr sozusagen in die Wiege gelegt: Sowohl ihr Vater Jacob (1630-1708) als auch ihre Mutter Regina Christina von Sandrart, geb. Eimmart (1636-1708) entstammen jeweils einer bekannten Kupferstecherfamilie. Susanna ist das dritte von neun Kindern, auch zwei ihrer Brüder, Johann Jacob (geb. 1655) und Joachim (geb. 1668) werden eine Künstlerkarriere machen. „Sie wohnten und arbeiteten am heutigen Maxplatz", erklärt Gabi Döhler, die das Leben der Susanna Maria von Sandrart ausgesprochen faszinierend findet und sich viel mit ihr beschäftigt hat. „In der Werkstatt wurden die Bücher und Kupferstiche dann auch gleich verkauft." Und nicht nur das: „1662 war Susannas Vater Mitbegründer der Nürnbergischen Maler-

„1662 war Susannas Vater Mitbegründer der Nürnbergischen Maler-Academie, das ist die älteste Kunstakademie im deutschsprachigen Raum."

Academie, das ist die älteste Kunstakademie im deutschsprachigen Raum", unterstreicht die Gästeführerin.

Die Eltern drängen Susanna aber nicht, eine künstlerische Laufbahn einzuschlagen. Die Mutter unterweist ihre Tochter in der Hausarbeit, bis Susanna, wie sie schreibt, selbst Lust bekommt, „etwas auf das Kupffer zu ätzen". Der Vater ist beeindruckt von dem Talent seiner Tochter und ermuntert sie, weiterzumachen. „Als nun mein Seel. Vatter sahe, dass bey mir eine natürliche Neigung zu dieser Kunst sey, hat Er mich mehrers darzu veranlasset, und mir Kupfer zu radiren unter die Hände gegeben; endlich auch solche welche Er in seiner Kunsthandlung nützen können", wird sie später schreiben.

Trotz aller Unterstützung für das künstlerische Talent seiner Tochter macht Jacob von Sandrart Unterschiede zwischen der Ausbildung ihres Bruders und ihr: Darf Johann Jacob sich auch auf Reisen fortbilden, ist es Susanna nur erlaubt, in den Werkstätten von Vater und Großonkel zu lernen. Auch die Akademie, die der Vater ja mitbegründet hat, bleibt ihr verschlossen. Dabei schreibt Jacob von Sandrart selbst, das Studium an Akademien sei „der allerbaeste Weg zur Wissenschaft der aeusserlichen Anatomie, Maß und proportion des Menschen gruendlich zu gelangen". Man müsse diesen Umstand aber im Kontext der Zeit sehen, unterstreicht Gabi Döhler: „Das bedeutet nicht, dass der Vater besonders rückschrittlich war, im Gegenteil: Er ließ sie ja in der Werkstatt mitarbeiten. Frauen hatten damals einfach noch keinen Zugang zu Akademien." Und Susanna weiß sich zu helfen: Sie arbeitet autodidaktisch. Immer mehr verfeinert sie ihre Kunstfertigkeit und erlangt große Anerkennung als Reproduktionsgrafikerin.

1683 heiratet sie den 20 Jahre älteren Johann Paul Auer, einen Kollegen. „Er war Maler und gehörte der Nürnberger Malerakademie an", erklärt Gabi Döhler. Das mündet aber mitnichten in ein gemeinsames künstlerisches Schaffen: Susanna lässt ihre Tätigkeit fortan ruhen und widmet sich ganz ihrer Rolle als Hausfrau und Mutter. Und als solche wird sie viel Kummer erleiden: Ein Jahr nach der Hochzeit bringt sie einen Sohn zur Welt, der gleich nach der Geburt stirbt, ihr zweiter Sohn scheidet drei Jahre später aus dem Leben und kurz darauf muss sie auch noch den Verlust ihres Mannes beklagen.

Nun ist Susanna Witwe und verwaiste Mutter, nur vier Jahre und zehn Wochen währte das Eheglück. Sie kehrt zurück in die väterliche Werkstatt, um sich ihren Lebensunterhalt zu verdienen, denn es ist ihr wichtig, niemandem zur Last zu fallen oder auf der Tasche zu liegen. Susanna

Gaby Döhler vor dem Maxplatz 28. Hier stand früher das Haus der Familie Sandrart.

arbeitet, „biß ich durch Gottes Schickung und auf meiner Seel. Eltern einrathen mich in die andere Ehe begeben Ao 1695 mit Wolfgang Moritz Endter als einem Wittwer". Jener Wolfgang Moritz ist der Enkel des Nürnberger Buchdruckers, Buchhändlers und Verlegers Wolf Endter des Älteren und ausgesprochen gut im Geschäft, wohlhabend und angesehen. Auch er hat im Jahr zuvor seine Ehefrau verloren. Susanna sieht sich nun vor der nicht ganz einfachen Aufgabe, den sechs Töchtern ihres Ehemanns im Alter von zehn bis 20 Jahren, die um ihre Mutter trauern, eine liebevolle Stiefmutter zu sein. „Das gelang ihr wohl sehr gut, die Beziehung zwischen den Töchtern und Susanna galt als innig", hat Gabi Döhler recherchiert. Ihre in den letzten Jahren ausgesprochen produktive künstlerische Tätigkeit legt Susanna nun nieder, sie hat einfach keine Zeit. Wegen „grosser Haußhaltung" habe sie „diese Arbeit völlig einstellen müssen".

Ist sie denn nun glücklich? Zeitweise sicher, doch gegen Ende ihres Lebens wird sich das ändern, tiefe Traurigkeit bemächtigt sich ihrer. „Der frühe Verlust ihrer beiden Kinder und ihres ersten Ehemanns hat ihr wohl das Herz gebrochen", vermutet Gabi Döhler. Susanna Maria von Sandrart stirbt im Alter von 58 Jahren. Ihrem Mann hinterlässt sie einen Folioband, in dem die allermeisten ihrer Arbeiten und tagebuchartigen Aufzeichnungen enthalten sind: „Unter dessen habe ich meistentheils alles von meiner Handt verfertigte in gegenwärtiges Buch zusammen gerichtet, zu dem Endt, damit man sehen kann, womit ich nicht allein meinen Jungfreulichen als in sonderheit meinen Siebenjährigen Wittibstand zu gebracht. Dieses Buch nun habe ich meinen Eheliebsten Wolfgang Moritz Endter zu einen Freundlichen Angedencken meiner verehren wollen, mit an Wünschung alles guten an Leib und Seel."

Eva-Maria Bast

....

Erinnerungsort:

Die Familie der Susanna von Sandrart lebte am heutigen Maxplatz 28. Das Buch, das Susanna ihrem Gatten vermachte, ist heute im Besitz der Stadt Nürnberg, es steht in der Bibliothek des Germanischen Nationalmuseums.

Das Klosterportal, an dem die erbosten Mütter anklopften.

WENN GLAUBE SPALTET

Kampf zwischen Müttern und Töchtern

Dies ist die Geschichte dreier junger Nonnen, die von ihren Müttern gegen ihren Willen aus dem „Rachen des Teufels" befreit wurden. Eine dieser energisch auftretenden Mütter war Ursula Tetzel, eine begeisterte Anhängerin der Reformation, die fand, ihre Tochter könne auf keinen Fall ihr Leben hinter den Klostermauern fortsetzen, und sie gewaltsam nach Hause holte. Kunsthistorikerin Sabine Peters hat diese Geschichte recherchiert und ist beeindruckt von diesen willensstarken Frauen, sowohl von den Müttern als auch von den

Töchtern. „Ich bin sehr berührt, dass die Nonnen so mutig waren, ihre Meinung so lautstark in einer Zeit zu äußern, in der die Frau kaum Rechte hatte. Das gefällt mir enorm. Leider nur hatten sie damit vor 500 Jahren gar keinen Erfolg."

Nürnberg, Juni 1525. Pferdegetrappel und polternde Fuhrwägen nähern sich dem Klarissenkloster St. Klara aus Richtung der Lorenzkirche. Vor dem Gotteshaus kommen die Wagen zum Halten, vier zornig wirkende Frauen steigen aus und hämmern mit den Fäusten an die verschlossenen Pforten des Klosters. Schaulustige bleiben stehen und betrachten neugierig die Szenerie. Die Damen, offenbar Patrizierinnen, verlieren die Contenance, was so gar nicht zu ihrem gepflegten Erscheinungsbild passen will. Was hat die Frauen derart erzürnt?

Um das zu erklären, muss man in der Nürnberger Geschichte um mehrere Monate zurückgehen. Die Reformation hat ganz Deutschland erfasst. Sieben Jahre ist es her, dass Martin Luther (1483-1546) seine 95 Thesen veröffentlichte, angeblich nagelte er sie an die Tür der Schlosskirche zu Wittenberg.

Auch in Nürnberg setzen sich die reformatorischen Ansichten mehr und mehr durch und dringen ans Ohr der Ursula Tetzel. Die hat ihre Tochter Margarete mehrere Jahre zuvor ins Klarissenkloster gegeben, ist nun aber der Ansicht, dass das Leben im Kloster der falsche Weg sei. Zwar ist die Reformation in Nürnberg noch nicht eingeführt – es ist Anfang Februar –, doch Ursula Tetzel findet trotzdem, dass es richtig ist, ihre Tochter da rauszuholen. Sie eilt zum Kloster und bittet die Äbtissin Caritas Pirckheimer (1467-1532), allein mit Margarete sprechen zu dürfen. Doch die Vorsteherin lehnt mit dem Hinweis ab, das sei nicht zulässig. Damit zieht sie die Wut der Ursula Tetzel auf sich. Diese versucht es mit Drohungen – ohne Erfolg. Schließlich setzt Ursula Tetzel durch, sich mit ihrer Tochter durch ein kleines Fenster austauschen zu dürfen. Sie erklärt Margarete, diese müsse ihr gehorchen. Doch die Tochter bleibt standhaft und lässt sich auch nicht dazu überreden, zumindest für eine Weile wieder zurück nach Hause zu kommen, um anschließend wieder ins Kloster zurückzukehren. Die Mutter verlegt sich aufs Drohen. Notfalls mit Gewalt werde sie ihre Tochter heimbringen. Vergeblich: Margarete bleibt bei ihrer Meinung:

Sie will nicht gehen. Ursula hingegen wird immer wütender und kündigt ihrer Tochter zum Abschied an, sie werde wiederkommen und so lange kämpfen, bis Margarete das Kloster verlässt.

Die Mutter macht ihre Drohung wahr. Als sie das Klarissenkonvent wenige Tage später erneut aufsucht, befindet sie sich in Begleitung ihrer Brüder Christoph und Siegmund Fürer. Beide sind in Nürnberg hochangesehen, sie gehören zum Rat der Stadt. „Wieder kam es zu Auseinandersetzungen mit der Äbtissin, die sich die Verwerfung des geistlichen Standes verbat. Doch die Brüder ließen nicht von ihr ab. Ihre Schwester sei über das wahre Evangelium unterrichtet worden, weshalb sie nun ihre Tochter nicht mehr mit gutem Gewissen im Kloster lassen könne. Für vier Wochen solle Margarete nach Hause kommen, damit die Mutter sie im wahren Glauben unterrichten und sie die evangelischen Predigten hören könne", schreibt die Expertin für Nürnberger Frauengeschichte, Nadja Bennewitz, in einem Aufsatz über die weiteren Ereignisse.

Caritas Pirckheimer verweist darauf, dass Margarete Tetzel mit der Einwilligung des Rats ins Kloster gekommen sei und dieses folgerichtigerweise nur mit dessen Zustimmung wieder verlassen könne. Sie empfiehlt Ursula, sich an den Rat zu wenden, was diese auch tut: Am 14. Februar 1525 reicht sie eine Supplikation ein und bittet um Erlaubnis, ihre Tochter aus dem Kloster holen zu dürfen. In der Bittschrift erklärt Ursula, wie Bennewitz wiedergibt, sie sei zu der Erkenntnis gelangt, dass „der Klosterstand Gott gänzlich unbekannt und nur von Menschen erfunden sei. Das Leben in den Klöstern sei eine heuchlerische Absonderung und es bedränge ihr Gewissen, ihre Tochter dort zu sehen. Um ihres und ihrer Tochter Seelenheil solle der Rat berücksichtigen, dass ihre Tochter beim Klostereintritt noch unverständig gewesen sei und zwischen Gut und Böse nicht habe unterscheiden können. Ein solches Gefängnis wie ein Kloster würde Christus am Tag des Jüngsten Gerichts nicht gutheißen, ebenso wenig Beten, Fasten, Schweigen oder eine besondere Klosterkleidung. Allein der Glaube und die Liebe zum Nächsten seien gottgefällig. Wenn die Tochter nur eine Weile zu ihr käme, könne sie im Gotteswort unterrichtet werden. Danach solle sie frei sein, entweder bei ihr zu bleiben oder wieder ins Kloster zurückzukehren. Wenn ihr dies aber die würdige Mutter Äbtissin abschlage, solle der Rat als ‚unser ordenliche oberkeit' eingreifen und den Ungehorsam ihres Kindes ‚gegen mir, irer muter stant' brechen."

Der Rat lässt sich Zeit mit seiner Entscheidung, man will den im März anstehenden Religionsgesprächen nicht vorgreifen. In einem Aufwasch will man danach den Fall der Tetzel, aber auch noch andere entscheiden. Denn Ursula Tetzel ist nicht die Einzige, die ihre Tochter aus dem Kloster zu holen gedenkt. Auch ihre Schwägerin und deren Mann, der Ratsherr Hieronymus Ebner, wollen Töchterlein Katharina wieder zu Hause wissen. Katharina Ebner lebt seit 1519 als Nonne im Kloster. Sie widersetzt sich in einem Streitgespräch drei Stunden lang ihren Verwandten und lässt sich weder durch Drohungen noch durch Bitten dazu bewegen, das Kloster zu verlassen. Ursulas Bruder Siegmund Fürer ist auch dabei.

Und dann ist es so weit: Der März des Jahres 1525 ist angebrochen, im Saal des alten Rathauses haben sich Altgläubige und Evangelische zu Religionsgesprächen versammelt. Die Gespräche enden mit einem „Sieg" der evangelischen Seite und gelten später als Schlüsselereignisse der Nürnberger Reformation.

In der Folge schließt sich der Rat der Stadt Nürnberg der Reformation an. Katholische Messen sind ab dem 21. April 1525 verboten, die Klöster sollen geschlossen werden. Nürnberg ist nun eine durch und durch evangelische Stadt und das Praktizieren des katholischen Glaubens wird für die kommenden 281 Jahre untersagt sein. Genau dieser katholische Glaube wird aber im Klarissenkloster ausgeübt. Es muss nicht sofort geschlossen werden, darf aber keine neuen Nonnen mehr aufnehmen. Das ist natürlich Wasser auf die Mühlen der Ursula Tetzel und ihrer Geschwister. „Nun waren sie noch überzeugter, ihre Töchter säßen dem Teufel im Rachen", schildert Sabine Peters.

Dabei sind die Mädchen dort eigentlich wirklich gut aufgehoben: „Das Kloster war zu dieser Zeit recht groß und auch sehr fortschrittlich", verdeutlicht die Kunsthistorikerin die damaligen Lebensumstände der Betschwestern. „Um 1500 zählte es 60 Nonnen, die unter der Äbtissin Caritas Pirckheimer, einer bedeutenden Humanistin, ein hohes Niveau an Bildung und theologisch-geistiger Auseinandersetzung erhielten." Alle Nonnen bekommen Lateinunterricht und eine umfassende Bildung. „Ziel von Caritas Pirckheimer war es ja gerade, dass die Nonnen sich durch ihre Bildung mit ihrem Glauben kritisch auseinandersetzen können."

Am 12. Juni 1525 kommen die vier Frauen also tatsächlich zum Klarissenkloster gefahren und es kommt zu der oben beschriebenen Szene: Die Witwe Ursula Tetzel, ihre Schwester Helena Ebner, ihre Schwägerin Barbara Fürer, Ehefrau von Sigmund Fürer, sowie Klara Nützel, Gattin des Klosterpflegers, versuchen sich gewaltsam Zutritt zu verschaffen. Die Frauen drohen, sie würden die Ratsherren holen, Caritas Pirckheimer hält dagegen, die Töchter wollten erst ihre Väter sprechen. „Daraufhin wurden die Mütter zornig: Was das wohl die Väter anginge, schließlich hätten sie die Kinder ausgetragen und hätten große Mühe mit ihnen gehabt. Sie wüssten wohl, was sie täten und wessen Befehl sie hätten", schildert Nadja Bennewitz in ihrem Aufsatz. Schließlich gibt die Oberin ein Stückweit nach: Die Mütter könnten durch ein kleines Fenster in der Kapelle mit ihren Töchtern reden. Das ist denen jedoch nicht genug, erbost kündigen sie an, mit einer „größeren Gewalt" zurückzukehren.

Die Patrizierinnen beschweren sich beim Rat, der die Äbtissin ermahnt. Sie dürfe den Eltern nicht ihre Kinder vorenthalten. Solchermaßen bestärkt, kündigen die Mütter an, ihre Töchter abzuholen. Im Kloster herrscht großes Entsetzen. Die jungen Nonnen, namentlich die 23-jährige Margarete Tetzel, die 20-jährige Katharina Ebner und die 19-jährige Clara Nützel, sind verzweifelt. Sie überlegen zu fliehen oder sich zu verstecken, doch das lässt die Mutter Oberin nicht zu. Sie weiß, dass sie den Kampf verloren hat und die jungen Frauen ziehen lassen muss. Nur sehr widerwillig legen die drei Nonnen schließlich unter Tränen ihre Nonnentracht ab und ziehen sich weltliche Kleider an. Die Mutter Oberin bringt sie in die Kapelle. Dort müssen sie mehr als eine Stunde auf „dy grimigen wolfin", wie Caritas Pirckheimer die Mütter nennt, warten. Sie flehen die Mutter Oberin an, bei ihnen zu bleiben und ihnen beizustehen, doch die lehnt ab. Sie hat keine Rechte mehr, gegen den Ratsbeschluss kommt sie nicht an.

Zwischen den Müttern und den gläubigen Töchtern entbrennt ein heftiger Streit. Die jungen Frauen schreien verzweifelt, betteln und flehen, doch die Mütter lassen sich nicht erweichen und bringen ihre entsetzten Töchter gewaltsam aus dem Kloster, das ihnen mindestens sechs Jahre lang eine Heimat gewesen war. Die Nonnen fürchten, in die Hölle zukommen, wenn sie den Konvent verlassen. Die Mütter hingegen erwidern, die Töchter schuldeten ihnen Gehorsam, und wenn sie diesen nicht leisteten, würden sie sich versündigen. Schließlich drohen sie den Töchtern, wenn sie nicht mitkämen, würden sie ihnen Hände und Füße zusammenbinden lassen, um sie wie Hunde aus dem Kloster zu tragen.

Den Ratsherren, die zur Unterstützung der Mütter mitgekommen sind, wird ob der heftigen Streitigkeiten immer mulmiger zumute. Sie „suchten die Äbtissin auf und berichteten ihr von den harten Auseinandersetzungen. Keine dreißig Gulden würden sie jemals wieder dazu bringen, einem solchen Streit beiwohnen zu müssen. Sie solle etwas unternehmen, die Kinder von ihrem Gelübde freisprechen und sie hinausschicken, andernfalls sei zu befürchten, dass das Kloster überfallen werde. Caritas Pirckheimer ließ sich überreden, betrat mit anderen Klosterfrauen die Kapelle und sprach die drei Töchter von jeglicher Verpflichtung ihr gegenüber frei. Von dem Gelübde Gott gegenüber könne sie sie jedoch nicht lossagen, dazu habe sie nicht die Macht", schreibt Nadja Bennewitz.

St. Klara ist die erhaltene Klosterkirche des Klarissenklosters in Nürnberg.

Nun ruft die Nonne Katharina Ebner einen Satz, der Sabine Peters schwer beeindruckt hat: „Da stee ich und will nit weichen, kein mensch soll mich vermugen hynnaußzugen, zeucht man mich aber mit gewalt hynnauß, solß doch mein will nymer ewiglich sein, wils got im himel und aller welt auf erden clagen."

Und dann werden sie gewaltsam aus dem Kloster gebracht. Je vier Personen schleppen eine der widerstrebenden jungen Frauen nach draußen. Mutter Ebner sagt noch zu ihrer Tochter, wenn sie nicht endlich hinausginge, werde sie sie die Stufen hinabstoßen. „Caritas Pirckheimer schreibt in ihren Aufzeichnungen über diese ‚grimmigen Wölfinnen‘, ‚es sei weniger Barmherzigkeit da als in der Hölle‘ “, hat Sabine Peters recherchiert.

Auch draußen fügen sich die jungen Nonnen nicht in ihr Schicksal, sondern weinen und klagen in einem fort – zur Freude der Schaulustigen, die wieder zusammengelaufen sind: Sie wollen sich den letzten Akt dieses Schauspiels nicht entgehen lassen. Die Mutter der Katharina Ebner schlägt ihre Tochter auf den Mund, damit diese endlich still ist. So heftig ist der Schlag, dass der jungen Nonne das Blut über die Lippen rinnt.

Über das weitere Schicksal der streitbaren Mütter und ihrer Töchter ist wenig bekannt. „Die einstigen Nonnen haben schließlich wohl alle geheiratet“, sagt Sabine Peters.

Ob das aus Liebe geschah oder ob die Frauen ihr Herz im Kloster gelassen haben, darüber schweigen die Quellen.

Eva-Maria Bast

....

Erinnerungsort:

Das Areal des Klosters St. Klara erstreckte sich zwischen Klaragasse, Vorderer Sterngasse und Königstraße bis hin zur Stadtmauer. Heute befindet sich dort die katholische Cityseelsorge.

SVRSVM
CORDA

Maria Clara
Eimmarta fec.
ætatis suæ ann. 17.

DIE FRAU UND DIE STERNE
Sie malte die Sonnenfinsternis

*E*in Mädchen, das die Sterne beobachtet. Eine Frau, die eine bedeutende Persönlichkeit in der Geschichte der Selenografie wird: „Maria Clara Eimmart war eine eigenständige und fähige astronomische Beobachterin", sagt die Nürnbergerin Gabi Stauß, die sich schon immer für die historischen Frauen interessiert hat, die ihre Heimatstadt einst prägten. Maria Clara Eimmart, sagt sie, sei die einzige Frau von Bedeutung in der Geschichte der kartografischen Erfassung der Mondoberfläche. „Ich bin von Maria Clara Eimmart genau so fasziniert, wie diese es von den Sternen gewesen sein muss."

Der Grundstein für Maria Clara Eimmarts Werdegang als Astronomin wird gelegt, als das Mädchen zwei Jahre alt ist. Da, im Herbst 1678, baut ihr Vater Georg Christoph Eimmart (1638-1705) nämlich auf dem Nürnberger Vestnertor eine Sternwarte auf. „Kriegsbedingt musste diese 1688 schließen", sagt Gabi Stauß. Allzu lange dauert die Schließung aber nicht: „Der Betrieb der Sternwarte wurde spätestens im April 1689 anlässlich der Beobachtung einer Sonnenfinsternis kurz vor Maria Claras dreizehnten Geburtstag wiederaufgenommen", sagt die Nürnbergerin und ergänzt: „Vermutlich hat sie ihrem Vater bei seinen Beobachtungen zugesehen und assistiert. So entwickelte sie sich zu einer eigenständigen astronomischen Beobachterin." Der Vater freut sich über das Interesse seiner Tochter, fördert und unterstützt es, lässt ihr Unterricht in Mathematik, Latein und Französisch angedeihen und lehrt sie in Malerei, Zeichnen und Radieren.

Die Familie steht mit Künstlern, Kunsthändlern, Buchhändlern und Verlegern in regem Austausch, was die Talente des

Zeichnung der Maria Clara Eimmart, die ihr Leben den Sternen widmete.

jungen Mädchens fördert. Besonders das Malen und das Zeichnen hat es Maria Clara angetan. „Und auch wenn sie zu jung war, um die ‚Jungfern-Company' zu besuchen, in der Maria Sibylla Merian Frauen in der Blumenmalerei und Blumenstickerei unterrichtete, wurde sie allein schon durch das Wissen um diese Schule geprägt", schildert Gabi Stauß. Auch ihre achtzehn Jahre ältere Cousine, die bekannte Grafikerin und Kupferstecherin Susanna Maria von Sandrart unterstützt das junge Mädchen in seinen Interessen und Talenten. „Susanna Marias Mutter, Regina Christina Eimmart, war eine Schwester Georg Christoph Eimmarts", erläutert Gabi Stauß die Verwandtschaftsverhältnisse.

Als Maria elf Jahre alt ist, lernt sie Johann Heinrich Müller (1671-1731) kennen: Der junge Astronom ist von 1687 bis 1692 Assistent bei ihrem Vater. 1692 verlässt er Nürnberg, um sein Studium in Altdorf an der Academia norica aufzunehmen. Doch er wird zurückkehren: 1704, ein Jahr vor dem Tod seines alten Meisters. „Er wurde von der Stadt als Professor an das Nürnberger Gymnasium Aegydianum berufen", sagt Gabi Stauß.

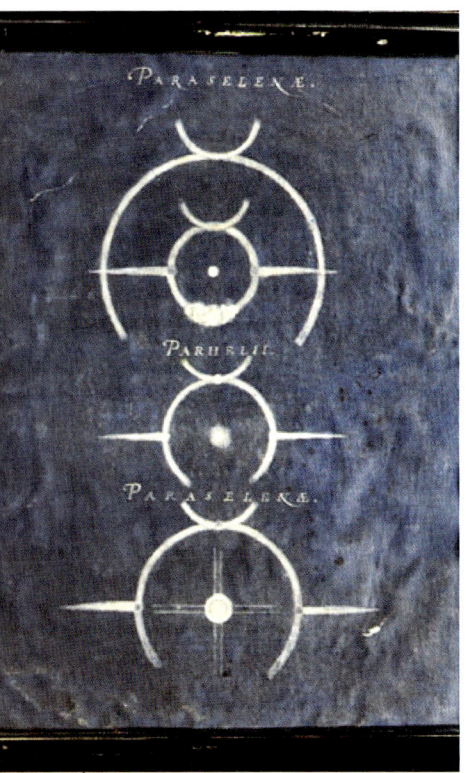

Pastell von Maria Clara Eimmart.

In der Zeit seiner Abwesenheit hat Maria Clara rund 250 Mal den Mond gezeichnet. „Es waren Vorarbeiten für die Erstellung einer Mondkarte", erklärt die Nürnbergerin.

Doch so sehr sie sich auch mit den Himmelskörpern beschäftigt und dadurch immer mehr zur Expertin wird: Für Marias eigenes Leben stehen die Sterne alles andere als gut.

1705 stirbt ihr Vater, die Sternwarte wird von der Stadt übernommen und Müller als Nachfolger eingesetzt. Zwar ist ihr für kurze Zeit ein wenig Glück nach der Trauer um den Vater beschieden – am 20. Januar 1706 heiraten Maria Clara und der Astronom Johann Heinrich Müller und sie nimmt seinen Namen an. Und am 12. Mai 1706 beobachtet sie die totale Sonnenfinsternis und fertigt davon zwei Gemälde an. Doch schon am 29. Oktober 1707 stirbt sie mit ihrem neugeborenen Kind im Wochenbett.

Eva-Maria Bast

....
Erinnerungsorte:

Die Sternwarte, von der aus Maria Eimmart die Sterne beobachtete, befand sich auf dem Vestnertor, Willy-Schmitzer-Weg 5.
Die von ihr angefertigten Gemälde der totalen Sonnenfinsternis sind in der Staatsbibliothek in Berlin aufbewahrt.

Alfers, Sandra: weiter schreiben. Leben und Lyrik der Else Dormitzer. Hentrich & Hentrich: Berlin 2015.

Aschka, Fritz: Nie gegen ihr Gewissen. Caritas Pirckheimer widerstand jedem Druck souverän. In: Nürnberger Nachrichten vom 09.09.2006.

Astronomie in Nürnberg. URL: https://www.astronomie-nuernberg.de. Abgerufen am 23.07.2020.

Baierische National-Zeitung vom 23. September 1811.

Baierische National-Zeitung vom 7. Oktober 1811.

Baumhauer, Benno; Hirschfelder, Dagmar; Teget-Welz, Manuel (Hrsg.): Michael Wohlgemut. Mehr als Dürers Lehrer. Ausstellungskatalog 2019. Vorankündigung in: URL https://www.academia.edu/41496994/ Schnell_und_Steiner_Books_on_Early_ Modern_Art. Abgerufen am 27.07.2020.

Beer, Monika: „Hauptsache, man tut's, Hauptsache, es wirkt – und man hört nicht auf damit". In: Gesellschaft der Opern- und Konzertfreunde Nürnberg e.V. – Freunde der Staatsoper Nürnberg e.V. Festschrift zum 30-jährigen Bestehen am 4. Dezember. Regensburg 2008, S. 22-31.

Bennewitz, Nadja; Franger, Gaby (Hrsg.): Am Anfang war Sigena. Ein Nürnberger Frauengeschichtsbuch. Cadolzburg 2000, S. 124-132.

Bennewitz, Nadja: „Bertha Kipfmüller, die ‚Frauenrechtlerin des Frankenlandes'". Sendemanuskript 05.04.2019. „Zwischenfälle", Radio Z. URL: https://zwischenfaelle.radio-z. net/feature/bertha-kipfmueller. Abgerufen am 06.01.2020.

Dies.: „Handlungsmöglichkeiten und begrenzte Mitwirkung: Die Beteiligung von Frauen an der reformatorischen Bewegung in Nürnberg." In: Zeitschrift f. bayerische Kirchengeschichte, Jg. 68, 1999, S. 21-46.

Beuys, Barbara: Maria Sibylla Merian. Künstlerin, Forscherin, Geschäftsfrau. Berlin 2016.

Bezzel, Anne: Caritas Pirckheimer. Äbtissin und Humanistin. Regensburg 2016.

Dies.: Äbtissin Caritas Pirckheimer, Glaubensfreiheit – mit und gegen Luther. Deutschlandfunk Kultur, Beitrag vom 19.03.2017. URL: https://www. deutschlandfunkkultur.de/aebtissin-caritas-pirckheimer-glaubensfreiheit-mit-und.1124. de.html?dram:article_id=381607. Abgerufen am 04.02.2020.

Brandes, Ute: „Studierstube, Dichterklub, Hofgesellschaft. Kreativität und kultureller Rahmen weiblicher Erzählkunst im Barock". In: Brinker-Gabler, Gisela (Hrsg.): Deutsche Literatur von Frauen, Bd. 1. Darmstadt/ München 1988, S. 229-236.

Brenner, Uta ; Dürr, Stefanie; Lösel, Gertrud; Mantze, Brigitte: Verlasst euch nicht auf die Hülfe der deutschen Männer. Herausgegeben von: Feministisches Informations-, Bildungs- und Dokumentationszentrum. Cadolzburg/ Nürnberg 1990.

Buhl, Wolfgang: „Gertrud Buschmann-Gerardi. Wir gedenken einer bemerkenswerten Frau". In: Mitteilungen des Vereins für Geschichte der Stadt Nürnberg. Nürnberg 2002.

Chmura, Nadine; Haunhorst, Regina; Wirtz, Susanne: Biografie Käte Strobel. In: LeMO-Biografien, Lebendiges Museum Online, Stiftung Haus der Geschichte der Bundesrepublik Deutschland. URL: http:// www.hdg.de/lemo/biografie/kaete-strobel. html. Abgerufen am 15.06.2020.

Curtius, Andreas: „Die Künstlerfamilie Sandrart". In: Henkel, Matthias; Kubach-Reutter, Ursula (Hrsg.): 1662-1806. Die Frühzeit der Nürnberger Kunstakademie. Eine Ausstellung der Gemälde- und Skulpturensammlung der Museen der Stadt Nürnberg im Stadtmuseum Fembohaus. Nürnberg 2012, S. 58-69.

Czoik, Dr. Peter: „Maria Katharina Stockfleth". In: Literaturportal Bayern. URL: https://www. literaturportal-bayern.de/autorinnen-autoren?task=lpbauthor? default&pnd=118010832. Abgerufen am 08.07.2020.

Der Spiegel: Martha Mödl. 38/1955. URL: https://www.spiegel.de/spiegel/print/d-31971211.html. Abgerufen am 27.07.2020.

Dilher, Johann Michael: Heliotropium sanctum […] Leichenpredigt für Frau Anna Maria Löffelholtz, gehalten am 28. 2. 1664. Nürnberg 1665.

Ebneth, Bernhard: Stipendienstiftungen in Nürnberg. Eine historische Studie zum Funktionszusammenhang der Ausbildungsförderung für Studenten am Beispiel einer Großstadt (15. – 20. Jahrhundert). Dissertation Bayreuth 1992 („Nürnberger Werkstücke zur Stadt- und Landesgeschichte", hg. von Rudolf Endres, Gerhard Hirschmann und Michael Diefenbacher, Bd. 52). Nürnberg 1994.

Ebneth, Bernhard; Moritz, Gabriele: Wie ein Dienstmädchen zur reichsten und sozial engagiertesten Frau Nürnbergs wurde. URL: https://museenblog-nuernberg.de/2016/06/22/elisabeth-krauss/. Nicht mehr aktuell abrufbar. Abgerufen am 13.11.2019.

Feuerbach, Paul Johann Anselm Ritter von: Merkwürdige Verbrechen in aktenmäßiger Darstellung, Kapitel 3. In Auswahl herausgegeben von Wilhelm von Scholz 1913.

Franger, Gaby: „Anna Steuerwald-Landmann". In: Bennewitz, Nadja; Franger, Gaby (Hrsg.): Am Anfang war Sigena. Ein Nürnberger Frauengeschichtsbuch. Cadolzburg 1999, S. 268-279.

Dies.: „Die Bildjournalistin Gertrud Gerardi". In: Bennewitz, Nadja; Franger, Gaby (Hrsg.): Am Anfang war Sigena. Ein Nürnberger Frauengeschichtsbuch. Cadolzburg 1999.

Frank, Horst-Joachim: Catharina Regina von Greiffenberg: Leben und Welt der barocken Dichterin. Schriften zur Literatur, Band 8. Göttingen1967.

Giese, Angela: „Eine Unternehmerin der seltenen Art". In: Nürnberger Nachrichten vom 27.04.2007.

Dies.: „Erfolgreiche Unternehmerin mit Herz". In: Nürnberger Nachrichten vom 26.02.2014.

Grünberg, Helene: „An die Frauen und Mädchen Nürnbergs". In: Fränkische Tagespost vom 29.12.1906.

Gümbel, Albert: Dorothea Hallerin. Der Eheroman einer Dürerischen Frauengestalt. Nürnberg 1925.

Halbe-Bauer, Ulrike: „Das böse Weib? Die Wahrheit über Agnes Dürer." In: Am Anfang war Sigena. Ein Nürnberger Frauengeschichtsbuch. Cadolzburg 1999, S. 58 ff.

Halbe-Bauer, Ulrike: Mein Agnes. Mannheim 2017.

Harbeck-Barthel, Daniela: „,Meinen Sie, die hätten mich als Frau haben wollen?' Als eine Frau als Pressefotografin noch ungewöhnlich war: Gertrud Gerardi und ihr ganz persönlicher Blick auf Nürnberg und die Menschen". In: Nürnberger Nachrichten vom 08.03.2019.

Heinzelmann, Herbert: Bevor Nürnberg 1525 zum Luthertum übertrat, erlebte die Stadt eine Zerreißprobe. Ratsherren beenden das Ringen um den Glauben. In : Nürnberger Zeitung vom 01.07.2017.

Henkels, Walter: 99 Bonner Köpfe. Frankfurt am Main 1965, S. 250 ff.

Hock, Willibald: Die Giftmörderin von Kasendorf und Sanspareil. Kulmbach o.J.

Imhoff, Christoph von: Berühmte Nürnberger aus neun Jahrhunderten. Nürnberg 1984, S. 211-212.

Kernert, Thomas: „Hegel auf Brautsuche - Der Weltgeist sieht rosa". URL: https://www.br.de/radio/bayern2/sendungen/land-und-leute/hegel-auf-brautsuche-in-nuernberg-kernert102.html. Abgerufen am 27.06.2020.

Kipfmüller, Bertha: 1. Beilage der Fränkischen Tagespost, 08.11.1919.

Kipfmüller, Hans-Peter: Die rote Pappenheimerin. Dr. Dr. Bertha Kipfmüller, Frauenrechtlerin und Gelehrte, Heidelberg 2012.

Kölbel, Richard: „Käte Strobel (1907–1996): Ehrenbürgerin der Stadt Nürnberg und Bundesministerin für Jugend, Familie und Gesundheit". In: Verein für Geschichte der Stadt Nürnberg (Hrsg.): Mitteilungen des Vereins für Geschichte der Stadt Nürnberg. Band 88. Nürnberg 2001.

Kröll, Joachim: „Catharina Regina von Greiffenberg". In: Fränkische Lebensbilder, Band 10. 1982, S. 193-212.

Kruse, Britta-Juliane: Witwen. Kulturgeschichte eines Standes in Spätmittelalter und früher Neuzeit. Berlin 2006.

Lessmann, Sabina: Susanna Maria von Sandrart (1658-1716). Arbeitsbedingungen einer Nürnberger Grafikerin im 17. Jahrhundert. Nürnberg 1991.

Liliencron, Rochus von: „Greiffenberg, Catharina Regina Freifrau von". In: Allgemeine Deutsche Biographie (ADB). Band 9, Leipzig 1879, S. 633.

Lorenzen, Käte: „Greiffenberg, Catharina Regina Freifrau v.". In: Neue Deutsche Biographie (NDB), Band 7, Berlin 1966, S. 33 (Digitalisat).

Lux, Antonius: Große Frauen der Weltgeschichte. Tausend Biographien in Wort und Bild. München 1963, S. 140.

Maué, Claudia: Die Bildwerke des 17. und 18. Jahrhunderts im Germanischen Nationalmuseum. Teil 1: Franken. Mainz 1997, Kat. Nr. 14, S. 65-68.

Meidinger-Geise, Inge (Hrsg.): Frauengestalten in Franken. Würzburg 1985. S. 178-181.

Meister, Monika: „Sind wir auch keine Wählerinnen, so lasst uns Wühlerinnen sein". In: Bennewitz, Nadja; Franger, Gaby (Hrsg.): Am Anfang war Sigena. Cadolzburg 1999, S. 153-162.

Merian, Maria Sibylla. Das Insektenbuch. Metamorphosis insectorum surinamensium. Frankfurt am Main und Leipzig 1991.

Mulzer, Erich: „Maria Sibylla Merian und das Haus Bergstraße 10". In: Nürnberger Altstadtberichte. Hrsg. v. Altstadtfreunde

Nürnberg e. V. Nürnberg 1999, S. 27-56.

Muthesius, Anna: Die Ausstellung künstlerischer Frauenkleider im Waren-Haus Wertheim-Berlin. In: Deutsche Kunst und Dekoration 1904. URL: https://digi.ub. uniheidelberg. de/diglit/dkd1904/0105/thumbs. Abgerufen am 24.02.2020.

Panzer, Marita; Plößl, Elisabeth: Bayerns Töchter, Frauenporträts aus fünf Jahrhunderten München 2015.

Pataky, Sophie (Hrsg.): Forster, Frau Helene von. In: Lexikon deutscher Frauen der Feder. Band 1. Berlin 1898, S. 221 f. (Digitalisat).

Pese, Claus: Else Oppler. Ein Vortrag von Claus Pese. URL: https://claus-pese.de/else-oppler/. Abgerufen am 24.02.2020.

Pommereit (jetzt Gardill), Kerstin: „Eine Vorkämpferin". In: Nürnberger Stadtanzeiger vom 31.05.2016.

Projektgruppe „Flüchtlingsfrauen" (Hrsg.): „Anna Steuerwald-Landmann, Exil". In: Flucht, Vertreibung, Exil, Asyl. Frauenschicksale im Raum Erlangen, Fürth, Nürnberg, Schwabach. Nürnberg 1990, S. 69-75.

Pusch, Luise F.: „Catharina Regine von Greiffenberg." In: FemBio. URL: https://www. fembio.org/biographie.php/frau/biographie/ catharina-regina-von-greiffenberg/. Abgerufen am 09.07.2020.

Ries, Elisabeth; Schmidt-Burkhardt, Henriette: „Lebkuchen-Chefin mit Herz". In: Presse- und Informationsamt der Stadt Nürnberg (Hrsg.): Nürnberg Heute 73. Nürnberg 2002, S. 68.

Riesterer-Kreutzer, Katrin: „Mein Geschäft ist wie eine Therapie für mich". In: Nürnberger Nachrichten vom 25.11.2012.

Schattenblick. GESCHICHTE/187: Bedeutende Sportpersönlichkeiten der Nachkriegsgeschichte - Teil 2 (DOSB). Ingeborg Bausenwein - Großes Engagement für Frauen und Behinderte. URL: http://www. schattenblick.de/infopool/sport/fakten/ sfges187.html. Abgerufen am 26.07.2020.

Schwarz, Helmut: „Zum Gedenken an Dr. Lydia Bayer". URL: http://frankenland.

franconica.uni-wuerzburg.de/login/data/2000_63.pdf. Abgerufen am 26.02.2020.

Schwarz, Helmut; Faber, Marion: „Spielräume: Von der Sammlung Bayer zum Spielzeugmuseum Nürnberg". Schriftenreihe der Museen der Stadt Nürnberg, Band 18, herausgegeben von Ingrid Bierer. Petersberg 2019.

Siljas, Anja: „Laute Hotels retteten sie vor ihrer Einsamkeit". URL: https://www.bz-berlin.de/artikel-archiv/anja-siljas-erinnerungen-an-martha-moedl. Abgerufen am 10.06.2020.

Stadtarchiv: Daten zur Nürnberger Geschichte. URL: https://www.nuernberg.de/internet/stadtarchiv/stadtgeschichte_daten.html. Abgerufen am 06.07.2020.

Stadtarchiv Nürnberg

Steuerwald, Helmut: „Anna Steuerwald Landmann". Vortrag gehalten am 3. März 2000. URL: http://ak-schulfach-ethik.de/download/SteuerwaldLandmannAnna.pdf. Abgerufen am 11.02.2020.

Swoboda, Ulrike: „Engagement für Frauenrechte, Gewaltlosigkeit und Versöhnung". In: Bauernfeind, Martina ; Metzger, Hans-Dieter (Hrsg.): Rechte für Menschen – Menschenrechte. Nürnberg 2014, S. 125-131.

Talkner, Katharina: Katharina Gerlach. „Gedruckt zu Nürnberg durch Katharina Gerlachin". URL: http://frauen-und-reformation.de/?s=bio&id=73. Abgerufen am 23.06.2020.

Tannert, Ursula: „Der Fürst der Denker war ein perfekter Ehemann." URL: https://www.nordbayern.de/2.283/der-furst-der-denker-war-ein-perfekter-ehemann-1.904860. Abgerufen am 03.07.2020.

Thissen, Heike: „Linde. Erinnerung an die Nürnberger Suppenfee". In: Nürnberger Geheimnisse – Spannendes aus der Frankenmetropole mit Kennern der Stadtgeschichte. Überlingen 2018, S. 74-76.

Dies: „Maria-Merian-Haus". In: a.a.O., S. 150-153.

Ullmann, Gaby: „Ein Leiterwagen führte zum Siegeszug der Lebkuchen". In: Die Welt vom 22.11.1999.

Van de Velde, Henry Clement: Das neue Kunst-Prinzip in der modernen Frauen-Kleidung. In: Deutsche Kunst und Dekoration, Band 10, 1902. URL: http://www.lexikus.de/bibliothek/Das-neue-Kunst-Prinzip-in-der-modernen-Frauen-Kleidung. Abgerufen am 24.02.2020.

Waldberg, Max von: Stockfleth, Katharina Maria. In: Allgemeine Deutsche Biographie 36 (1893), S. 287. URL: http://www.deutsche-biographie.de/pnd118010832.html?anchor=adb. Abgerufen am 08.07.2020.

Waltenberger, Dr. Ingobert: Martha MÖDL zum Gedenken. URL: https://onlinemerker.com/martha-modl-zum-gedenken/. Abgerufen am 10.06.2020.

Weigand, Sabine: Das Perlenmedaillon. Frankfurt 2005.

Wikipedia: „Ingeborg Bausenwein". URL: https://de.wikipedia.org/wiki/Ingeborg_Bausenwein. Abgerufen am 26.07.2020.

Wikipedia: „Maria Catharina Stockfleth". URL: https://de.wikipedia.org/wiki/Maria_Catharina_Stockfleth. Abgerufen am 10.07.2020.

Wikipedia: „Tucher von Simmelsdorf". URL: https://de.wikipedia.org/wiki/Tucher_von_Simmelsdorf. Abgerufen am 20.07.2020.

Wölfel, Christian/kna: Heute vor 550 Jahren wurde die Ordensfrau Caritas Pirckheimer geboren. Eine gläubige Gelehrte und Kämpferin für Gleichberechtigung. In: Nürnberger Zeitung vom 21.03.2017.

Wolf, Ute: „Ungewöhnlicher Stadtspaziergang zur Vorgeschichte des Frauenwahlrechts. Politische Parolen gegen die ‚Schneegänse'". In: Nürnberger Zeitung vom 10.11.2018.

Wood, Gabriele: „Sigena – Vom Leben der Frauen in Nürnberg um 1050." In: Bennewitz, Nadja; Franger, Gaby: a.a.O. Cadolzburg 1999, S. 22 ff.

Wordpress.com: „Else Oppler-Legband 1875-1965". URL: https://undiaunaarquitecta2.wordpress.com/2016/10/08/else-oppler-

legband-1875-1965/ Abgerufen am 24.02.2020.
Zahlaus, Steven M.: „Die Frauenrechtlerin und
Verlegerin Rosine Speicher". In: Geschichte
quer, Heft 15. Aschaffenburg 2010.
Ders.: „Ende des Patriarchats?" Zu Leben und
Werk der Frauenrechtlerin Rosine Speicher.
Jahrbuch für Fränkische Landesforschung,
Band 66. Erlangen 2006, S. 487-506.

Ders.: „Rosine Speicher: Ein Leben für die
,Frauenwelt'". In: Norica, Bericht und Themen
aus dem Stadtarchiv Nürnberg, Juli 2008.

Zwanzig , Christofer: „Helene Grünberg und
die proletarische Frauenbewegung in
Nürnberg". In: Ders.: Das sozialdemokratische
Nürnberg. Nürnberg 2014, S. 24-29.

Bildnachweis

Cover:
Vordergrund:
Hintergrund: Stadtarchiv Nürnberg

S. 6 Stefan Hippel

S. 9 Oben: Fotohaus Kerstin Sänger
    Mitte: Cristina Galler
    Unten: Edgar Pfrogner

Else Dormitzer
S. 10 Privatarchiv Thomas Runkel
S. 13 Sandra Alfers

Sophie Keeser
S. 19 Stadtarchiv Nürnberg

Ursula Haller
S. 22 Public Domain

Anna Steuerwald-Landmann
S. 26 Steuerwald
S. 29 Roland Fengler / NN

Gertrud Gerardi
S. 32 Nürnberger Nachrichten
S. 35 Nürnberger Nachrichten
S. 36 Eduard Weigert

Anna Zwanziger
S. 39 Sophia Düker
S. 42 Gabi Döhler

Helene von Forster
S. 44 Public Domain
Henriette Schmidt-Burkhardt

S. 49 Nürnberger Nachrichten
S. 50 Kulturreferat Nürnberg

Maria Sibylla Merian
S. 54 Public Domain

Caritas Pirckheimer
S. 60 Public Domain
S. 63 Giulia Iannicelli
S. 64 Giulia Iannicelli

Ingeborg Bausenwein
S. 67 Sportbild-Verlag Schirner / DHM
S. 68 Christine Burmann

Rosine Speicher
S. 70 Stadtarchiv Nürnberg C21.VII.155
S. 72 Eduard Weigert / NN

Agnes Dürer
S. 76 Public Domain
S. 80 Public Domain

Else Oppler-Legband
S. 82 Public Domain
S. 86 Michael Matejka

Johanna Linde Hübsch
S. 89 Privat

Maria Catharina Stockfleth
S. 93 Public Domain

Martha Mödl
S. 96 Bayreuther Festspiele

Dorothea Landauerin
S. 101 Theo Noll
S. 102 Stefan Hippel / NN

Marie von Tucher-Hegel
S. 108 Public Domain

Katharina Gerlach
S. 113 Public Domain
S. 116 Stadt Nürnberg/Christine Dierenbach

Käte Strobel
S. 118 Public Domain

Sigena
S. 123 Stadtarchiv Nürnberg

Lydia Bayer
S. 126 Gertrud Gerardi / NN
S. 128 Eduard Weigert / NN

Haftungsausschluss

Nürnbergs Frauen

Hier gibt es sachkundige Informationen:

Die Stadtführer e.V.

Der Verein der Gästeführer Nürnbergs bietet Altstadtrundgänge, spezielle Themenführungen, Stadtrundfahrten, kombinierte Stadtführungen per Bus und zu Fuß sowie Ausflugsfahrten an.
Homepage: www.nuernberg-tours.de

Sabine Peters M.A.

Die Kunsthistorikerin, zertifizierte Stadtführerin, Museumspädagogin und Buchautorin bietet interessante und amüsante Führungen durch die Nürnberger Altstadt an.
Telefon: 0179/1127043
E-Mail:
sabine.peters@stadtpomeranze.de
Homepage: www.stadtpomeranze.de

Spielzeugmuseum Nürnberg

Kinder und Erwachsene auf der ganzen Welt spielen, doch Nürnberg ist die Spielzeugstadt! Warum? Weil hier seit dem 13. Jahrhundert Spielwaren hergestellt wurden. Das weltweit berühmte Spielzeugmuseum zeigt altes und modernes Spielzeug – von mittelalterlichen Puppen bis zu Spielcomputern des 20. Jahrhunderts.
Karlstraße 13-15
90403 Nürnberg
Telefon: 0911 231 31 64 oder 231 32 60
E-Mail:
spielzeugmuseum@stadt.nuernberg.de

Homepage:
www.spielzeugmuseum-nuernberg.de
Öffnungszeiten:
Wochentags 10 Uhr - 17 Uhr
Wochenende 10 Uhr - 18 Uhr
Montags ist geschlossen.

Stadtarchiv Nürnberg – Haus der Nürnberger Stadtgeschichte

Marientorgraben 8
90402 Nürnberg
Telefon: 0911 / 2312770
E-Mail: stadtarchiv@stadt.nuernberg.de
Homepage: www.nuernberg.de

EVA-MARIA BAST | HEIKE THISSEN | HARTMUT VOIGT

Nürnberger
Geheimnisse

SPANNENDES AUS DER FRANKENMETROPOLE
MIT KENNERN DER STADTGESCHICHTE

NÜRNBERGER
Nachrichten

PREIS-
GEKRÖNTE
BUCHREIHE

Ein wichtiges Element im Irrhain des Pegnesischen Blumenordens ist der Schein-friedhof. Prof. Dr. Werner Kügel weiß: Hier liegen keine Toten begraben!

27

Irrhain

Rückzugsort für die Naturpoeten

Wer den Irrhain des Pegnesischen Blumenordens, der ältesten ununterbrochen bestehenden deutschen Literaturgesellschaft, finden will, braucht entweder eine gute Wanderkarte oder ein Mobilfunkgerät mit Navigationsanwendung. Es gibt keine Hinweisschilder, die Zugangswege sind landwirtschaftliche Privatstraßen, und der nächstgelegene Parkplatz liegt nicht am Eingangstor, sondern am Kraftshofer Friedhof. Prof. Dr. Werner Kügel, der „Präses" der Gesellschaft, würde – im Gegensatz zu anderen Besuchern – trotzdem das Areal auch mit verbundenen Augen finden, so oft war er in den vielen Jahren seiner Mitgliedschaft im Blumenorden schon hier. „Dass der Irrhain etwas abgeschieden liegt, trägt nur noch mehr zu seiner traumhaften Atmosphäre bei", findet er. Besucher, die das barock

188

anmutende steinerne Eingangstor gefunden haben, betreten eine idyllische Welt aus viel Grün, in der außer Vogelgezwitscher nichts zu hören ist.

Der 1644 gegründete Orden kümmert sich seit mehr als 370 Jahren um die Pflege der deutschen Sprache und Dichtkunst, wie es in der ersten Satzung heißt. Erklärtes Ziel der dichtenden „Pegnitzschäfer" um den Nürnberger Barockdichter Georg Philipp Harsdörffer (1607-1658) war es, Poesie auch weniger gebildeten Mitbürgern – besonders auch Frauen – zugänglich zu machen, indem sie nicht Latein, sondern Deutsch als Sprache für ihre Werke benutzten. Damit leisteten sie auch einen wichtigen Beitrag zur Sprachentwicklung, was mit der früher gepflegten lateinischen Dichtkunst nicht möglich gewesen wäre. Dass sich der Pegnesische Blumenorden ausgerechnet ein Areal außerhalb von Kraftshof als Treffpunkt aussuchte, liegt in seiner Geschichte begründet.

„Das lag daran, dass sie an ihrem vorherigen Treffpunkt am Poetenwäldchen in den Pegnitzauen nicht mehr erwünscht waren", erklärt Werner Kügel. Doch als Naturdichter brauchten sie für ihre Dichtung die Möglichkeit unmittelbarer Beobachtung im Freien. „Also machte der damalige Pfarrer von Kraftshof, Martin Limburger, 1676 den Vorschlag, in einem verwilderten Eichenhain auf dem Gebiet seiner Gemeinde einen neuen Versammlungsort anzulegen", sagt der heutige erste Vorsitzende über die Anfänge des Irrhains. Die Arbeiten dauerten zwei Jahre, dann war ein unregelmäßiges Netz aus Wegen angelegt, ein mehrfacher Zickzackweg namens „Schlangengang" und ein Denkmalplatz, der sogenannte „Kirchhof", außerdem mehrere Lauben und eine Gesellschaftshütte. Kurz darauf erhielt der Blumenorden das Gelände zum ewigen Lehen. Eigentümer blieb allerdings das Waldalmosamt St. Sebald, dessen Rechtsnachfolger die Nürnberger Forstbetriebe sind.

Für die Naturpoeten war der Irrhain ein Abbild der Wirrnis dieser Welt, in der sich die Menschen moralisch nicht verlaufen sollten. Deshalb war am inneren Durchgangstor auch die Mahnung „Irret nicht!" zu lesen. „In einer Unterredung, die angeblich im Irrhain stattgefunden hat, heißt es dazu passend: *Hat dieser Wald schlüpfrige Wege, die Welt noch viel mehr*", zitiert Werner Kügel aus der ersten Beschreibung des Irrhains von 1683. Sie findet sich in einem Nachruf auf Sigmund von Birken, dessen Frömmigkeit dem Blumenorden die Passionsblume statt der Panflöte als Emblem verordnete. Die Pflege des Labyrinths mussten die Poeten später jedoch aufgeben, denn die Hecken, welche die Gänge flankierten, verkümmerten wegen des Schattens der immer größer werdenden Bäume. Das änderte aber nichts daran, dass es sich auf dem Gelände vorzüglich spazieren und sinnieren ließ, ohne Gefahr, sich zu verlaufen.

Das gilt bis heute, auch wenn die wenigsten Pegnesen ihre Zeit hier mit Lustwandeln verbringen. Das einen Hektar umfassende Gelände vor den Toren Nürnbergs besteht inzwischen aus nicht bewirtschaftetem Urwald, Kieswegen und einer Naturbühne. Der Scheinfriedhof hat die Jahrhunderte überdauert. Wenn Werner Kügel die Wege abgeht, hat er die Heckenschere dabei, um den Irrhain begehbar zu halten. „Je besser die Wege, desto weniger trampeln die Besucher durch das wertvolle Biotop." Und er wird nicht müde, die Vorbeikommenden für das zeitenthobene Stück Heimat zu begeistern und vom Blumenorden zu erzählen. „Viele Spaziergänger, die das erste Mal hier sind, denken, wir hätten unsere toten Mitglieder auf dem Gelände begraben. Dabei handelt es sich aber um Gedenksteine für besonders bedeutende Mitglieder, nicht um Grabsteine", erklärt er.

Vieles hat sich verändert, seit Pfarrer Martin Limburger hier mit den ersten Arbeiten für den Irrhain begann. Doch eines ist er geblieben: ein idyllischer Ort, der zum Spazierengehen, Innehalten und zum Dichten einlädt.

Heike Thissen

So geht's zum Irrhain:

Das Eingangstor zum Irrhain befindet sich in der Lachfelderstraße. Wenn man der Straße von Kraftshof kommend folgt, ist es auf der linken Seite zu sehen.